RITA POHLE

Liebe
geht auch einfach

INHALT

VORWORT 4

TEST: WIE BELASTET IST
IHRE LIEBE? 6

Bestandsaufnahme ... Seite 9

ZIEHEN SIE BILANZ 10
EIN BLICK ZURÜCK 11
   Eine Beziehung ist
   keine Baustelle 13
IM HIER UND JETZT 14
   Ziele für die Zukunft 15
   Notieren Sie Ihre Ziele 17
   Hüten Sie Ihre Schätze 18
BEZIEHUNGSSTILE 19
   Erfahrungen aus der Kindheit 20
   Ängstliche Beziehungstypen 21
   Neue Verhaltensmuster erlernen 22
   Selbsterkenntnis ist der
   Weg zur Besserung 23
SIND SIE GLÜCKLICH? 24
WEG MIT DEM LIEBESBALLAST! 27
   Die täglichen Reibereien 29

Last und Liebe... Seite 31

FACETTEN DER LIEBE 32
   Die pragmatische Liebe 32
   Die bedingungslose Liebe 33
IST MEIN PARTNER
DER RICHTIGE? 35
   Ziehen sich Gegensätze an? 37
FREIRÄUME SCHAFFEN 40
   Definieren Sie Ihre Bedürfnisse 42
   Kleine Geheimnisse 43
BEZIEHUNGSBALLAST 43
   Weg mit dem Alltagsstress 44
   Jeder arbeitet anders 45
   Verschiedene Lebensstile 47
   Gesellschaftliches Leben 49
   Gemeinsame Unternehmungen 50
   Verhalten tolerieren oder ändern ... 51
UNTERSCHIEDLICHE WERTE 52
   Achtsam und aufmerksam sein 54
   Positives Feedback 55
DER UMGANG MIT
ENTTÄUSCHUNGEN 56
   Die Rolle des Allrounders 57
   Träume sind Schäume 59
   Werden Sie Ihres
   Glückes Schmied 60
   Projektionen 60
   Übertriebene Fürsorge 62

GROSSBAUSTELLEN 63
- Bedürftigkeit 65

DER UMGANG MIT PROBLEMEN 67
- Lösungsorientiertes Denken 67
- Wo liegt das Problem? 68
- Gedankenpfade im Gehirn 69

EIFERSUCHT 71
- Die Eifersucht thematisieren 72
- Die Ursache wird meist im Außen gesucht 73
- Falle: Kontrollzwang 74
- Die Vergangenheit akzeptieren 76
- Den Selbstwert stärken 76

Kommunikation ..... Seite 79

KOMMUNIKATION AUF ALLEN EBENEN 80
- Körpersprache 81
- Der Körper sendet Signale 83
- Lassen Sie Taten sprechen 85

FRAUEN REDEN ANDERS 86
- Zwischen Harmonie und Wettkampf 88
- Frauen besprechen Probleme – Männer suchen Lösungen 90

RESPEKTVOLL MITEINANDER UMGEHEN 93
- Einfühlung in den anderen 94
- Mehr Feingefühl in der Öffentlichkeit 95
- Aufmerksamkeit schenken 96

DIE KUNST, RICHTIG ZU FRAGEN ... 98
- Offene und geschlossene Fragen ...100

DRAMEN UND MACHTSPIELE ERFOLGREICH UMGEHEN 101
- Gleiche Augenhöhe herstellen 103
- Ohne Vorwürfe kommt man eher zum Ziel 106
- Klarstellen statt unterstellen 108
- Auf leere Drohungen verzichten 109

WIRKUNGSVOLLE ICH-BOTSCHAFTEN 110
- Wünsche und Aussagen konkretisieren 112

SCHLUSS MIT DEN MISSVERSTÄNDNISSEN 113

AUF LÜGEN VERZICHTEN 115
- Keine faulen Ausreden 116

BEREDTES SCHWEIGEN 118
- Aktiv zuhören 119
- Frauen im Schmollwinkel 120

WUT BINDET, VERGEBUNG HEILT 122
- Von alten Gefühlen loskommen, neue Gefühle zulassen 123

LIEBE GEHT SO EINFACH 125

SERVICE 126

IMPRESSUM 128

VORWORT

Loslassen, was die Liebe stört …

Manche Beziehung gleicht einem mit zu vielen Möbeln und Schnickschnack überfrachteten Wohnzimmer. Wenn jeder Partner täglich ein neues Möbelstück anschafft in der guten Absicht, es für beide noch kuscheliger zu gestalten, wird es eng. Es entsteht nicht das beabsichtigte harmonische Ambiente, sondern nur ein heilloses Durcheinander. Dabei wollen doch beide Partner nur das Eine: **Harmonie und Glück.**

Doch **Liebe geht auch einfacher.** Lassen Sie es auf einen Versuch ankommen: Werfen Sie den Beziehungsballast ab, die Unzufriedenheit, die Zweifel, die Streitereien, die schlechten Gewohnheiten und das eingefahrene Verhalten. Sie belasten die Liebe ebenso wie der Alltagsstress durch Arbeit und Hausarbeit, Familie und Kindererziehung.

Fakt ist: Frauen fühlen sich in ihren Beziehungen öfter unwohl und sind unzufriedener als Männer. In ihren Augen könnte alles so einfach sein, wenn nur der Partner sein Verhalten ändern würde oder nicht immer so stur wäre. Ja, wenn der andere ein Einsehen hätte, müsste die Beziehung doch perfekt laufen! So machen sich Paare oft gegenseitig das Leben schwer, anstatt sich **des eigenen Glücks bewusst** zu sein.

Eine Beziehung ist ein kostbares Gut. Wenn sich zwei Menschen gefunden haben, die sich verstehen und lieben, so sollten sie diese Liebe hegen und pflegen und nicht leichtfertig aufs Spiel setzen. Anstatt sich ständig zu fragen: »Was könnte ich an meinem Partner verändern?«, sollten wir wertschätzen, was wir am anderen haben.

Eine Beziehung zu verbessern liegt im Interesse beider Partner und ist die Mühe wert: Zunächst heißt es, die Störfaktoren aufzudecken, den Beziehungsballast zu reduzieren und miteinander zu reden. Wie das funktionieren kann, erfahren Sie in diesem Buch. Für eine gute Beziehung müssen sich auch **beide Partner einsetzen.** Dabei ist es oft effektiver, weniger zu tun, oft sogar besser, etwas ganz zu lassen: beispielsweise den Partner zu kritisieren, ihm ständig etwas vorzuwerfen u... ...en.

...auf, unseren Partner nach unse... ...statt das Augenmerk auf seine ...e Qualitäten anerkennen. Wir ...tionierenden Beziehung ...enen Erwartungen über... ...unizieren, anstatt vom ...sche von den Augen ab... ...er Partner, sondern nur ...twortlich sind!

WIE BELASTET IST IHRE LIEBE

✓ TEST Wie belastet ist Ihre Liebe?

🌱 Mein Partner sollte mich rundum glücklich machen.	ja	nein
🍄 Mich ärgert, dass mir mein Partner kaum zuhört.	ja	nein
🌱 Manchmal denke ich, dass ich meinen Partner gar nicht verdient habe.	ja	nein
🌱 Ich zweifle an mir und meinen Fähigkeiten.	ja	nein
🍄 Bestimmte Verhaltensweisen sollte mein Partner mir zuliebe schon noch ändern.	ja	nein
🍄 Mein Partner nervt mich.	ja	nein
🍄 Ich bin eifersüchtig.	ja	nein
🌱 Ich habe das Gefühl, nicht geliebt zu werden.	ja	nein
🌱 Ohne meinen Partner fühle ich mich unvollständig.	ja	nein
🌱 Dem Partner Freiräume zu lassen, fällt mir schwer.	ja	nein
🍄 Wir streiten uns täglich.	ja	nein
🌱 So richtig vertrauen kann ich meinem Partner nicht.	ja	nein
🌱 Wir können nicht miteinander, aber auch nicht ohne einander.	ja	nein
🍄 Ich mache meinem Partner häufig Vorwürfe.	ja	nein
🍄 Manchmal spioniere ich meinem Partner hinterher.	ja	nein
🍄 In einer Auseinandersetzung habe ich gern das letzte Wort.	ja	nein

Ich habe oft den Eindruck, dass mein Partner mich nicht richtig versteht.	ja	nein
In unseren Auseinandersetzungen habe ich recht.	ja	nein
Mein Partner ist oft unpünktlich und lässt mich warten.	ja	nein
Mich ärgert, dass mich mein Partner so selten anruft.	ja	nein
Dass mein Partner klammert, schnürt mir die Luft ab.	ja	nein
Ich bin oft beleidigt und ziehe mich zurück.	ja	nein
Mein Partner ist von meinen Nörgeleien genervt.	ja	nein
Ich kritisiere ständig an meinem Partner herum.	ja	nein
Manchmal zweifle ich an meiner Liebe.	ja	nein
Heftiger Streit ist Teil unserer Leidenschaft.	ja	nein
Ich habe oft Angst, verlassen zu werden.	ja	nein

Auswertung:

Wenn Sie bei diesem Symbol mindestens viermal mit Ja geantwortet haben, belasten häufige Konflikte Ihre Partnerschaft. Lesen Sie ab Seite 79, was Sie tun können.

Wenn Sie hier mindestens viermal mit Ja geantwortet haben, haben Sie in der Liebe mit Zweifeln und überzogenen oder enttäuschten Erwartungen zu kämpfen. Lesen Sie ab Seite 31, was Sie tun können.

Bestandsaufnahme

WIE ZUFRIEDEN SIND SIE MIT IHRER BEZIEHUNG, wie glücklich mit Ihrem Partner? Zaubert sich ein Lächeln in Ihr Gesicht, wenn Sie an Ihren Partner oder Ihre Partnerin denken? Taucht als erstes ein positives, wohlig warmes Gefühl auf, wenn Sie sein oder ihr Gesicht vor sich sehen? Freuen Sie sich auf das nächste Treffen?

Hoffentlich empfinden Sie kein diffuses Unwohlsein oder flaues Gefühl im Magen. Im Idealfall sind Sie rundum zufrieden. Falls Sie jedoch etwas belastet, soll Ihnen dieses Buch helfen, diesen »Ballast« abzuwerfen.

Betrachten Sie Ihre Beziehung doch einmal wie die Kleider in Ihrem Schrank. Nehmen Sie Stück für Stück in die Hand und fragen Sie sich, ob Sie das Teil noch brauchen. Schauen Sie sich alles genau an. Fragen Sie sich bei jedem Teil, das Sie in die Hand nehmen, ob es noch funktionsfähig ist oder ob Sie nicht längst herausgewachsen sind. Einiges ist sicher Gerümpel, andere Sachen sind wahre Schätze. Werden Sie sich klar darüber, was Sie davon wirklich noch brauchen können.

Auf die Beziehung übertragen: Nehmen Sie Ihre Beziehung »in die Hand« und schauen Sie sich an, auf welchen Stress, welche Verhaltensweisen oder alten Gewohnheiten Sie gut und gerne verzichten können. Identifizieren Sie das Beziehungsgerümpel, das Ihre Liebe belastet und Sie unnötig Kraft und Zeit kostet.

Bedenken Sie: Ihre Partnerschaft sollte Ihr Leben bereichern, Sie stärken und unterstützen und Ihnen nicht den letzten Nerv rauben!

Ziehen Sie Bilanz

Es mag völlig unromantisch erscheinen, die Liebe »bilanzieren« zu wollen. Falls Ihnen noch nie Zweifel gekommen sind, ob Ihr Partner wirklich der Richtige für Sie ist, falls Sie in Ihrer Beziehung total glücklich sind, kaum Konflikte mit Ihrem Partner haben, dann können Sie sich überaus glücklich schätzen. Bei dieser positiven Bilanz besteht kein Grund, etwas zu verändern. Wenn etwas gut funktioniert, muss es auch nicht repariert werden!

Falls Ihre Beziehung jedoch verbesserungsfähig ist, falls Sie das diffuse Gefühl haben, dass irgendetwas nicht stimmt, falls Sie unzufrieden sind, sollten Sie sich schon mal die Zeit nehmen und über Ihre gemeinsame Liebe nachdenken. Eine negative Bilanz bedeutet, dass es einiges in Ihrer Beziehung gibt, was verbessert werden könnte. Das »Wie« erfahren Sie in den nächsten Kapiteln. Falls Sie bereit sind, etwas in Ihrer Beziehung zu verbessern, kommen Sie nicht daran vorbei, sich diese etwas genauer anzusehen und sich auch rückblickend mit Ihrem Partner oder Ihrer Partnerin zu beschäftigen. **Haben Sie sich schon mal gefragt, was Ihren Partner so besonders macht?** Bestimmt haben Sie gemeinsame Interessen, in vielen Bereichen die gleichen Ansichten und sicher auch gemeinsame Ziele für die Zukunft. Ob es das gleiche Hobby ist oder gleiche berufliche Interessen oder einfach nur eine innere Verbundenheit und große Liebe, irgendetwas trägt Ihre Beziehung. Sicher sind Sie hin und wieder auch anderer Meinung, haben andere Prioritäten oder Konflikte.

Gibt es etwas, was Sie an Ihrer Beziehung am liebsten sofort verändern würden? Es könnte ja sein, dass Sie eine Verhaltensweise an Ihrem Partner oder an Ihrer Partnerin besonders stört. Beispiel: »Wenn er/sie nicht immer zu spät kommen würde …« wäre die Welt für Sie eher in Ordnung. Das ist völlig normal, doch Sie sollten wissen: Meistens lässt sich der Partner nicht verändern. Das einzig Veränderbare ist die eigene Einstellung zum anderen. Wenn Sie sich nicht länger über die Unpünktlichkeit Ihres Partners ärgern, sondern die Wartezeit als »geschenkte« Zeit betrachten würden, gäbe es einen Konflikt weniger.

Es hilft in einer Partnerschaft sehr, wenn man den Partner nicht als Ansammlung von Defiziten betrachtet, sondern die Aufmerksamkeit eher auf seine positiven Qualitäten lenkt. In einer liebevollen Beziehung zu leben heißt, auch dann liebevoll zu sein, wenn der Partner das mal weniger ist. Wenn man bereit ist, mit der Liebe in Vorleistung zu treten, kommt diese Zuwendung irgendwann auch zu einem selbst zurück. Die Liebe zu bilanzieren bedeutet nicht, sie infrage zu stellen, sondern sie zu ordnen, indem man sich der Störfaktoren einerseits und der wahren Schätze andererseits bewusst wird. **Die Störfaktoren gilt es loszulassen, die Konflikte zu bereinigen. Die Schätze hingegen gilt es zu hegen und zu pflegen.**

Das Ziel ist in jedem Fall: eine erfüllende Partnerschaft, in der man sich gegenseitig bereichert und liebevoll miteinander umgeht, anstatt sich das Leben unnötig schwer zu machen.

Ein Blick zurück

Sie haben sich vor längerer Zeit für Ihren heutigen Partner oder Ihre heutige Partnerin entschieden, als Sie noch so gut wie nichts über ihn oder sie wussten. Vielleicht haben Sie diese Entscheidung innerhalb weniger Sekunden getroffen, haben Ihrer Intuition vertraut. Wahrscheinlich war es ein eher unbewusstes als ein bewusstes »Ja, das ist er!«

Wer sich Liebe wünscht, muss erst einmal Liebe geben; er muss in Vorleistung treten.

BESTANDSAUFNAHME

oder »Ja, das ist die Frau meines Lebens!« Erinnern Sie sich: Wie war Ihre erste Begegnung, wie und wo trat Ihr jetziger Partner, Ihre Partnerin in Ihr Leben? Was hat Sie an ihr oder ihm fasziniert? Sicher hat Sie zunächst nichts gestört, irgendetwas hat Sie in den Bann gezogen. Erinnern Sie sich noch daran? Was hat Ihre Aufmerksamkeit auf genau auf diese Person gelenkt? Was war Ihr erster Eindruck? Was haben Sie in dieser Person gesehen, wie wurden Sie von ihr erobert? Wie hat das Ganze damals angefangen? Erinnern Sie sich an das prickelnde Gefühl, die Blicke, Ihre Verliebtheit. Erleben Sie dieses Gefühl erneut mit allen Sinnen: Welcher Duft steigt Ihnen in die Nase, wenn Sie an diese ersten verliebten Momente denken, welche Musik spielte dabei? Wie sah die Umgebung aus? Wie war der Blick? Erinnern Sie sich ganz genau an das Gefühl, das Sie dabei hatten und »speichern« Sie das in einer Momentaufnahme ab, »konservieren« Sie es sozusagen. Dieses Gefühl können Sie immer wieder dann abrufen, wenn Sie ihn oder sie gerade mal wieder »auf den Mond schießen« könnten. **Lassen Sie die damaligen intensiven Gefühle in der Erinnerung wieder aufleben!**
Versuchen Sie sich auch an den ersten Gedanken zu erinnern, der Ihnen in den Sinn kam, als Sie ihn oder sie kennenlernten: War Ihr erster Gedanke ein freudiges »Auf diese Frau habe ich schon lange gewartet!« oder ein eher skeptisches »Was will dieser Kerl von mir?« oder ein entschlossenes »Den bieg ich mir schon hin!« – oder lagen Ihre Gedanken irgendwo dazwischen?

Gefiel Ihnen auf den ersten Blick, was Sie an Ihrem Gegenüber sahen oder gefiel Ihnen eher die Vorstellung von dem, was Sie aus ihm oder ihr machen könnten? Ignorierten Sie damals sein vernachlässigtes Äußeres und sahen ihn stattdessen schon neu von Ihnen eingekleidet? Dachten Sie sich ihre unvorteilhafte Brille weg und stellten sie sich schon mit Kontaktlinsen vor?

> *Wer glaubt, sich seinen Partner nach Belieben »zurechtbiegen« zu können, sollte wissen: Menschen lassen sich kaum verändern.*

Eine Beziehung ist keine Baustelle

Gerade Frauen lieben es zu gestalten und zu verändern, Wohnungen umzuräumen, zu dekorieren und Wände neu zu streichen. Dieses kreative Potential übertragen sie gerne auf ihre Beziehungen und ihre Männer. Viele Frauen sind von Großbaustellen faszinierter als von fertigen Häusern und laden sich hierbei enormen Ballast auf. Sie glauben beispielsweise, sie könnten einen stadtbekannten Fremdgeher in einen treuen Ehemann verwandeln – also quasi aus einem streunenden Windhund ein zahmes Schoßhündchen machen – und sehen darin eine besondere Herausforderung.

Enttäuschungen sind dann vorprogrammiert, wenn man nicht von Anfang an genau hinschaut: Nicht er hat Sie getäuscht, indem er Ihnen etwas vorspielte, sondern Sie haben sich getäuscht, indem Sie nicht richtig hingesehen haben. Die Aussage vieler Unzufriedener »Er hat sich inzwischen so verändert!« oder »Sie hat mit der Frau von damals nichts mehr zu tun!« entspricht in den wenigsten Fällen der Wahrheit. Menschen verändern sich kaum. **Was sich verändert hat, ist Ihr Blick auf Ihren Partner.** Was sehen Sie, wenn Sie ihn mit Ihrem damaligen liebenden Blick betrachten? Sehen Sie seinen Charme? Sehen Sie ihren Humor? Vielleicht gefiel Ihnen früher seine Tapsigkeit: Sie fanden es »süß«, wie er sich beim Essen bekleckert hat. Heute schämen Sie sich für ihn. Möglicherweise sind Sie aber auch unzufrieden, weil er nicht mehr der von damals ist. Anfangs hat er Ihnen vielleicht noch mit all seinen Macken gefallen, später wollten Sie diese verändern und haben so lange an ihm herumgeschraubt, bis er nicht mehr er selbst war. Unter Druck hat er oder sie den Veränderungsversuchen nachgegeben und jetzt ist er oder sie nicht mehr authentisch.

Liebe im Hier und Jetzt

Nehmen Sie sich die Zeit, um über den heutigen Stand Ihrer Liebe nachzudenken. Was schätzen Sie an Ihrem Partner?

Viele Frauen mögen an Männern, dass sie selten ein Drama machen und meist unkompliziert sind, »dass Mücke Mücke bleibt und Elefant Elefant ist«. Sie schätzen auch das handwerkliche Geschick der Männer, ihren Sinn fürs Praktische und ihre Kraft, mit der sie scheinbar mühelos schwere Lasten heben können. Frauen mögen auch kuschelige Männer mit »Waschbärbauch« und wissen es zu schätzen, dass Männer »ganz hervorragend Spinnen töten können«.

Wie fällt Ihre persönliche Liebesbilanz aus? Wie zufrieden sind Sie im Alltag mit Ihrer Partnerschaft? Ihre Bilanz sollte eine positive sein, Ihr

Blicken Sie zurück!

- Wie war Ihre erste Begegnung mit Ihrem Partner?
- Wie war Ihr erster Eindruck?
- Was hat Sie an ihm damals besonders angesprochen oder fasziniert?
- Wer von Ihnen beiden hat die Initiative ergriffen?
- Warum haben Sie sich in diesen Menschen verliebt?

Partner sollte Sie mehr beglücken als nerven. Er sollte Ihr Leben bereichern, genauso wie Sie seines bereichern, und hinter Ihnen stehen. Verbinden Sie nur noch Streitereien miteinander, so ist das ziemlich wenig für eine Partnerschaft. Höchste Zeit also, etwas zu verändern! Schauen Sie sich sowohl Ihre Charaktereigenschaften, als auch die Ihres Partners an. Wie gut oder schlecht kommt er dabei weg? Wer nur schlecht über seinen Partner urteilt und redet, disqualifiziert auch sich selbst! Wer lange mit einem Menschen zusammen war, hatte bestimmt auch gute Zeiten mit ihm. Wenn wir bilanzieren, kommen wir an der Frage nicht vorbei, was Partner wirklich miteinander verbindet. Ist es ein wirklich tiefes Gefühl? Wo geht die Anziehung über eine rein sexuelle hinaus? **Eine Partnerschaft hat nicht nur körperliche Dimensionen, sondern auch seelisch-geistige.** Wie sehen diese aus?

Es ist auch Zeit, sich darüber klar zu werden, ob man gemeinsame Ziele für die Zukunft hat. Wenn sie sich bald Kinder wünscht, er aber lieber nach Australien auswandert, besteht dringender Gesprächsbedarf! Lesen Sie mehr dazu ab Seite 34.

Oder gibt es in Ihrer Partnerschaft mehr Trennendes? Was nervt Sie besonders? Fragt man Männer, so beschweren sich einige, dass ihre Frauen zu viel reden. Fragt man die Frauen, so beschweren sich diese, dass ihre Männer nicht zuhören. Wer weiß, vielleicht wäre die Lösung ganz einfach: Er hört mehr zu, wenn sie weniger redet!

Ziele für die Zukunft

Sicher haben Sie sich schon darüber Gedanken gemacht, wie Sie sich die Zukunft mit Ihrem Partner oder mit Ihrer Partnerin vorstellen. Möglicherweise stehen Sie ja noch ganz am Anfang Ihrer Beziehung und wollen in absehbarer Zeit zusammenziehen. Oder Sie planen einen gemeinsamen Urlaub, bevor Sie sich zusammen selbstständig machen.

 ## Wie wohl fühlen Sie sich in Ihrer Beziehung?

Beantworten Sie die folgenden Fragen anhand der Skala von 0 bis 10. Die Null steht für »Miserabel, schlechter geht's nicht« oder »Stimmt so gar nicht« und die 10 für »Himmlisch, besser geht's nicht« oder »Trifft genau zu«.

Wo auf dieser Skala sehen Sie Ihre eigene Beziehung?	0 1 2 3 4 5 6 7 8 9 10
Wie stark ist Ihre Liebe?	0 1 2 3 4 5 6 7 8 9 10
Wie sehr gefällt Ihnen Ihr Partner?	0 1 2 3 4 5 6 7 8 9 10
Wie zufrieden sind Sie mit dem Charakter Ihres Partners?	0 1 2 3 4 5 6 7 8 9 10
Wie viele gemeinsamen Werte und Interessen verbinden Sie?	0 1 2 3 4 5 6 7 8 9 10

Falls Sie mit den fünf Fragen unter 25 Punkten liegen, sollten Sie sich die Fragen noch einmal genauer ansehen. Was, denken Sie, könnten Sie persönlich tun, damit sich Ihre Beziehung auf dieser Skala pro Frage um einen Punkt nach oben hin verbessert? Was müssten Sie verändern?

Vielleicht besteht Ihre Partnerschaft aber auch schon einige Zeit und Sie fragen sich, wie es in Zukunft weitergehen soll. Sollten Sie überhaupt keine Vorstellung darüber haben, ist es höchste Zeit für folgende Fragen:

Was bedeutet Ihnen Ihr Partner? Inwieweit sind Sie inzwischen aus Gewohnheit mit ihm zusammen? Können Sie sich noch eine gemeinsame Zukunft vorstellen? Falls Ihnen der Gedanke daran abwegig erscheint, sollten Sie in sich gehen und sich ehrlich fragen, ob der Partner oder die Partnerin der oder die richtige für Sie ist. Die Antwort kann schmerzhaft sein, aber auch befreiend für Sie beide – seien Sie ehrlich zueinander!

Doch gehen wir davon aus, dass Sie mit der richtigen Partnerin, dem idealen Partner zusammen sind. Haben Sie sich schon einmal gefragt, wo Sie sich gemeinsam in einem Jahr, in fünf oder in zehn Jahren sehen? Was wollen Sie selbst in den nächsten Jahren erreicht haben? Passen Ihre Pläne mit Ihrer Partnerschaft zusammen?

Sprechen Sie Ihre gemeinsame Zukunft mit dem Partner ab. Falls Sie den Wunsch haben, eine Familie zu gründen, klären Sie beizeiten, wie Ihr Partner dazu steht. Im Stillen davon auszugehen, dass der Partner ebenfalls Kinder haben möchte, kann später zu einem harten Erwachen führen.

Auch die Frage, wie und wo man zusammenleben will, sollte geklärt sein. In vielen Fällen lässt sich sicher ein Kompromiss finden. Falls Ihr Partner jedoch Ihre Ziele überhaupt nicht unterstützen kann oder Sie seine Ziele nicht gutheißen, müssen Sie sich über kurz oder lang entscheiden: entweder für den Partner und gegen die Ziele oder umgekehrt. Beginnen wir mit den kurzfristigen Zielen. Bleiben Sie bitte realistisch! Es geht hier nicht um Wünsche, die Ihnen ein Flaschengeist erfüllen könnte, wie ein Haus am Meer und ein Stall voller Kinder mit Nanny. Es geht um konkrete, vielleicht völlig banale Ziele, wie beispielsweise mehr gemeinsame Zeit, konstruktive Gespräche, mehr Freiräume, weniger Stress, mehr Zärtlichkeit. Auch weniger Streitereien wären schon mal ein unmittelbares Ziel zur Verbesserung manch einer Beziehung.

Notieren Sie Ihre Ziele

Nehmen Sie sich zehn Minuten Zeit und listen Sie Ihre ganz persönlichen kurzfristigen Ziele auf. Machen Sie danach eine zweite Liste, in der Sie diesen Zielen eine Reihenfolge geben, die Ihnen richtig erscheint.

Sie wünschen sich mehr Zeit für das Wesentliche? Dann verschwenden Sie in Zukunft Ihre Zeit nicht mehr mit dem Krimskrams, der Ihre Beziehung belastet. Ballast zu vermeiden heißt auch, sich genau anzusehen, mit wem und wie man seine Zeit verbringt.

Überlegen Sie zum Beispiel, wie viel Zeit Sie vor dem Fernseher oder vor dem Computer verbringen. Sind es zwei oder vier Stunden täglich? In dieser Zeit könnten Sie locker etwas Schönes mit Ihrem Partner unternehmen und gemeinsam etwas erleben. Wie wäre es zum Beispiel, wenn Sie zusammen tanzen gehen, eine neue Sportart erlernen, ins Theater gehen oder ein Konzert besuchen? Gehören Sie zu den Menschen, die sich ständig Gedanken über Probleme machen, die gar nicht ihre eigenen sind oder die sie ohnehin nicht ändern können?

Oft versuchen wir, die Probleme unserer Mitmenschen zu lösen, scheinbar »kleine« Gefallen zu erfüllen, die dann jedoch unerwartet in einen stundenlangen Service ausufern können. Wenn wir uns diese Zeit für die eigene Liebesbeziehung nehmen würden, könnte das unsere Partnerschaft sehr bereichern.

Hüten Sie Ihre Schätze

Betrachten Sie Ihren Partner als einen wertvollen Schatz und behandeln Sie ihn entsprechend. Hat er einen angemessenen Platz in Ihrem Leben? Oder läuft er nur irgendwie »nebenher«? Sitzt er, bildlich gesprochen, bei Ihnen an der Tafel oder ha-

»Carpe diem« – »Pflücke den Tag«: Beherzigen Sie dieses lateinische Sprichwort und genießen Sie die kostbaren Stunden zu zweit!

Blicken Sie in die Zukunft!

- Was würden Sie an Ihrem Partner am liebsten sofort verändern?
- Was sollten Sie sofort an sich selbst verändern?
- Welche Ziele haben Sie in Ihrer Partnerschaft?
- Welche gemeinsamen Ziele haben Sie?
- Passen seine und Ihre Ziele zusammen?

ben Sie ihn an den »Katzentisch« in Ihrem Leben verbannt?

Welche Schätze verstecken sich in Ihrer Beziehung? Erinnern Sie sich an wertvolle Erlebnisse und Eindrücke, an Gemeinsamkeiten aus alten Tagen, an die gemeinsamen Unternehmungen, Werte und Ziele. Was davon ist in Ihrem Alltag längst auf der Strecke geblieben? Reaktivieren Sie diese Kostbarkeiten, graben Sie sie wieder aus!

Hüten Sie Ihre Schätze. Dann sind Sie es auch wert, sie zu besitzen.

Denn mit seinen Schätzen sollte man nicht fahrlässig umgehen. Geben Sie ihnen in Ihrem Leben einen angemessenen Platz!

Beziehungsstile

Entwickeln Sie ein Gefühl dafür, was Sie in Ihrer Beziehung stärkt, was Ihnen guttut, und was Sie schwächt, Ihnen also langfristig schadet. Eine harmonische und liebevolle Beziehung tut gut, eine konfliktreiche verursacht Stress. Wie es um Ihre Partnerschaft bestellt ist, wie viel Harmonie beziehungsweise Stress sie Ihnen bereitet, können nur Sie selbst beurteilen. Doch die Bilanz sollte stimmen, das heißt, die positive Seite sollte überwiegen!

Überwiegt die negative Seite, sollte man zusehen, dass die Beziehung wieder ins Gleichgewicht kommt.

> *Konzentrieren Sie sich im Leben wie in der Liebe immer wieder auf die Frage: Was ist mir wichtig, was brauche ich und worauf kann ich gut und gerne verzichten?*

Denn wenn einem mehr Kraft genommen als gegeben wird, können langfristig Krankheiten entstehen. Idealerweise fühlen sich beide Partner wohl, sind füreinander da, stärken sich gegenseitig und bereichern das Leben des anderen. **Eine gute, tragfähige Beziehung zeichnet sich vor allem durch die Tatsache aus, dass man miteinander im Gespräch bleibt.** Alles, was wachsen und gedeihen soll, braucht Pflege. Auch eine gute Beziehung bildet keine Ausnahme. Wie pflegen Sie Ihre Beziehung? Nehmen Sie sich füreinander Zeit, führen Sie gute Gespräche? Teilen Sie sich die Arbeiten des Alltags, unternehmen Sie etwas gemeinsam? Tun Sie etwas für den anderen, nehmen Sie ihm eine Last ab?

Dabei sind es die Kleinigkeiten, die zählen: die Tasse Kaffee, die man ihm oder ihr morgens auch mal ans Bett bringt; der Blumenstrauß, der auch ohne Schuldgefühle gekauft wird, oder die Fahrt zur Tankstelle, weil man weiß, dass sie so ungern tanken geht. In liebevollen Partnerschaften sollten derartige kleine Gefallen selbstverständlich sein.

Erfahrungen aus der Kindheit

Obwohl die Suche nach einem Partner Teil unseres biologischen Programms ist, heißt das noch lange nicht, dass wir dieses Programm beherrschen. Wie wir unsere Mitmenschen behandeln, lernen wir bereits durch unsere frühkindlichen Erfahrungen als Kinder unserer Eltern. **Wir erleben bereits in unserer Kindheit einen Beziehungsstil, der uns für unsere späteren Paarbeziehungen prägt.** Eine der Hauptsäulen einer Partnerschaft ist Vertrauen. Nur wer sich als Kind voll und ganz auf seine Eltern und andere wichtigen Bezugspersonen verlassen konnte, hat Vertrauen in seine Mitmenschen entwickelt. In einer Beziehung fühlt er/sie sich auch dann noch sicher, wenn der Partner mal abwesend ist. Er/sie stellt nicht ständig die Beziehung in Frage, wenn mal weniger Nähe vorhanden ist, sondern vertraut darauf, dass der Partner zurückkommt. Nur wer Vertrauen erfahren hat, kann auch künftig anderen Menschen vertrauen und hat keinen Grund zur ständigen Kontrolle und Eifersucht.

Ängstliche Beziehungstypen

Wenn jedoch in den ersten Lebensjahren eines Kindes die Bezugspersonen häufig wechseln oder Beziehungsstörungen auftreten – wenn sich beispielsweise die Eltern trennen –, so ist das Kind verunsichert. Das kann dann im Erwachsenenalter zu einem ängstlichen Bindungsverhalten führen.

Oft ist die Angst, verlassen zu werden, permanent vorhanden. Ein entspannter Beziehungsstil mit gegenseitigem Vertrauen und Freiräumen kann sich hier kaum ausbilden. Im Extremfall kann die Angst, verlassen zu werden, sogar so weit führen, dass man eine Beziehung schon im Vorfeld meidet.

Wenn ein Elternteil mal an- und dann mal wieder abwesend ist, das Kind also keine klaren Verhältnisse hat, kann das schon beim Kleinkind zu Unsicherheiten und Verlustängsten führen. Im späteren Leben drückt sich das häufig in einer klammernden Beziehung aus, in der die Angst, verlassen zu werden, ständig präsent ist. Vom Partner getrennt zu sein, kann als qualvoll empfunden werden. Eigenständige Aktivitäten

> *Vertrauen ist gut, Kontrolle ist besser: Diese Einstellung ist oft durch Kindheitserfahrungen geprägt und kann eine Beziehung sehr belasten.*

des Partners werden als Bedrohung der Beziehung erlebt. Um das Alleinsein zu vermeiden und nicht verlassen zu werden, würde man für den Partner alles tun. Menschen mit Verlustängsten versuchen häufig, ihren Partner durch übertriebene Aufmerksamkeiten oder emotionalen Druck an sich zu binden. Ein freiheitsliebender Partner kann das jedoch als einengend empfinden und mit Ablehnung reagieren. Ablehnung durch den Partner löst wiederum Trennungsangst und Stress aus und der Kreis schließt sich.

Neue Verhaltensmuster erlernen

Doch es gibt eine gute Nachricht: Jeder Mensch ist entwicklungs- und lernfähig. Jeder hat Möglichkeiten, seinen Beziehungsstil bewusst zu verändern. Man muss sich selbst nur erlauben, auch mal positive Erfahrungen zu machen, und sollte nicht immer nur das Schlimmste erwarten.

Falls Sie persönlich zu einem ängstlichen Beziehungsstil neigen, können Sie sich mit Unterstützung von außen (beispielsweise eines Psychologen) immer noch für eine Veränderung entscheiden und alte Muster ablegen. Machen Sie sich zunächst klar, was Ihr Verhalten in einer Beziehung mit Ihrer Kindheit zu tun hat. Falls Sie als Kind unsicher gebunden waren, kann es sein, dass Sie sich im jetzigen Leben immer wieder Partner suchen, die genau diese Unsicherheit weiter schüren. Wahrscheinlich tendieren Sie zu bindungsschwachen Partnern. Auch wenn Sie Sicherheit suchen und eine verlässliche Beziehung führen möchten: Finger weg von verheirateten, gebundenen Partnern, selbst wenn Sie sich von diesen magisch angezogen fühlen. Verändern Sie Ihr »Beuteschema«, dann werden Ihnen andere mögliche Partner begegnen.

Selbsterkenntnis ist der Weg zur Besserung

Unsere Mitmenschen und unseren Partner scheinen wir zu kennen. Zumindest wissen wir, was wir vom anderen erwarten, wie er sein und wie er nicht sein sollte, welche Macken und welche Vorzüge er hat.
Aber was wissen Sie wirklich über sich selbst? Wie gut kennen Sie sich? Was sehen Sie, wenn Sie in den Spiegel schauen? Das, was es da zu sehen gibt, oder das, was Sie gerne sehen wollen? Wie wir uns selbst sehen und wie andere uns sehen, stimmt in den meisten Fällen nicht überein. Daher unterscheidet man zwischen den Begriffen Selbstwahrnehmung und Fremdwahrnehmung. Objektiv ist beides nicht. Aber beides zusammen ergibt schon mal ein vollständigeres Bild als die Selbstwahrnehmung alleine. Wenn wir uns also selbst erkennen wollen, brauchen wir neben einer genauen Beobachtung unserer eigenen Person immer auch das Feedback unserer Mitmenschen und unseres Partners. Das muss nicht immer positiv ausfallen, es sollte jedoch zur Erkenntnis beitragen. Glücklich ist, wer Freunde hat, die auch mal liebevolle Kritik an einem üben!
Selbsterkenntnis ist der erste Schritt zur glücklichen Beziehung und ein ständiger Prozess, in dem man sich selbst betrachtet und hinterfragt. Bevor Sie sich mit den Macken Ihres Partners auseinandersetzen, sollten Sie sich selbst richtig kennenlernen. Sie wissen hoffentlich, wo Ihre Stärken und Schwächen liegen. Sich selbst einzugestehen, dass man beispielsweise Kritik schlecht verträgt oder manchmal überreagiert, mag Überwindung kosten. Aber jeder

> *Nur wer sich selbst liebt, wird auch von anderen geliebt. Nicht umsonst heißt es in der Bibel: »Liebe deinen Nächsten wie dich selbst.«*

Mensch hat Fehler und wer anderen seine Fehler nachsieht, sollte auch sich selbst gegenüber gnädig sein. **Wenn sich zur Selbsterkenntnis die Selbstliebe gesellt, sind das ideale Voraussetzungen für eine Beziehung.** Denn wer sich selbst mit all seinen Stärken und Schwächen akzeptieren kann, schafft damit die Basis für eine Beziehung, in der er nicht immer nur bettelnd und bedürftig seinem Partner gegenübertritt.

Sind Sie glücklich?

Was bedeutet Glück für Sie? Ist es mehr als die Abwesenheit von Unglück, von Streit und Aggression? Reicht es Ihnen, »ganz zufrieden« zu sein? Misstrauen Sie dem Glück? Bei manchen Zeitgenossen hat man tatsächlich den Eindruck, dass sie sich nur dann glücklich fühlen, wenn sie unglücklich sind.

Fakt ist jedoch, dass jeder Mensch Anerkennung und Liebe braucht. Jeder will privat und im Beruf anerkannt und geschätzt werden, er braucht diese Streicheleinheiten für seine Seele.

Wird ein Mensch immer nur kritisiert und geringschätzig behandelt, wird seine Seele krank. Wer keine Anerkennung bekommt, sucht sich diese in negativer Form, indem er Aufmerksamkeit erregt. Wie Kinder, die unaufhörlich quengeln, beginnen die Erwachsenen dann zu nörgeln oder Streit zu suchen. In beiden Fällen ist ein negatives Feedback besser als gar keine Beachtung. Streitsüchtigen Menschen fehlt insofern oft nur positive Aufmerksamkeit.

Um eines klarzustellen: Ihr Partner ist nicht dazu da, Sie glücklich zu machen. Für dieses tief in Ihrem Innern verankerte Gefühl sind nur Sie selbst verantwortlich. Wenn das Gefühl von innen kommt, wird es auch kein Außenstehender wirklich schaffen, Sie unglücklich zu machen! Definieren Sie für sich selbst, was Ihnen Glück bedeutet und was Sie konkret machen können, um sich gut zu fühlen. Und entlarven Sie die Faktoren, die sie unglücklich machen. Dieser »Liebesballast« wird dann im nächsten Kapitel entsorgt (siehe ab Seite 43).

Neben dem eigenen Glück sollte Ihnen aber auch das Glück des Partners ein Anliegen sein. Fragen Sie sich, wie Sie dazu beitragen können, dass auch Ihr Partner sich wohl und glücklich fühlt. Was können Sie ihm heute Gutes tun? Bestimmt fällt Ihnen eine liebevolle Geste dazu ein: vielleicht ein kaltes Bier im Kühlschrank oder Schokoladeneis. Lassen Sie Ihren Partner umgekehrt wissen, was er tun könnte, damit es Ihnen gut geht. »Das muss er schon selber wissen, muss ich ihm denn alles sagen?«, höre ich vor allem die Frauen einwenden. Ja, liebe Frauen, es wäre schön, wenn er von alleine auf die Idee käme, Ihnen mal ein paar Blümchen mitzubringen oder Sie zum Essen auszuführen. Falls er das aber nicht tut, helfen Sie ihm auf die Sprünge und artikulieren Sie Ihre Wünsche nett und freundlich: »Schatz, ich würde mich freuen, wenn du mir zum Wochenende mal einen schönen Blumenstrauß mitbringst!«

Für Frauen ist das Gefühl von Glück unmittelbar mit dem Gefühl von Nähe verbunden. Dem Partner nahe fühlt man sich dann, wenn er einen an seinem Leben teilhaben lässt, wenn er seine Gedanken und Gefühle, aber auch Probleme mitteilt. Nähe entsteht auch dann, wenn Vertrauen vorhanden ist. **Nur Vertrauen ermöglicht es, sich ganz zu öffnen.** Wer jedoch die Erfahrung gemacht hat, dass sich zu öffnen gleichbedeutend ist mit Schmerz, wird sich

BESTANDSAUFNAHME

WEG MIT DEM LIEBESBALLAST!

Liebeskiller

Beantworten Sie die folgenden Fragen anhand der Skala von 0 bis 10. »0« steht für »Trifft überhaupt nicht zu«, »10« steht für »Trifft voll und ganz zu«.

Mein Partner provoziert Streit.	0 1 2 3 4 5 6 7 8 9 10
Ab und zu provoziere ich Streit.	0 1 2 3 4 5 6 7 8 9 10
Mein Partner macht mir Stress.	0 1 2 3 4 5 6 7 8 9 10
Ich stresse meinen Partner.	0 1 2 3 4 5 6 7 8 9 10
Mein Partner macht mich klein oder stellt mich vor anderen bloß.	0 1 2 3 4 5 6 7 8 9 10
Ich mache meinen Partner vor anderen nieder.	0 1 2 3 4 5 6 7 8 9 10
Mein Partner drückt sich so aus, dass Missverständnisse entstehen.	0 1 2 3 4 5 6 7 8 9 10
Ich kann mich nicht genau ausdrücken.	0 1 2 3 4 5 6 7 8 9 10
Mein Partner überschreitet meine Grenzen.	0 1 2 3 4 5 6 7 8 9 10
Ich überschreite die Grenzen meines Partners.	0 1 2 3 4 5 6 7 8 9 10
Mein Partner übt an mir Kritik.	0 1 2 3 4 5 6 7 8 9 10
Ich kritisiere meinen Partner.	0 1 2 3 4 5 6 7 8 9 10
Mein Partner macht mir Vorwürfe.	0 1 2 3 4 5 6 7 8 9 10
Ich mache meinem Partner Vorwürfe.	0 1 2 3 4 5 6 7 8 9 10

Auswertung: Sollten Sie mehr als 60 Punkte haben, so tragen Sie jede Menge Beziehungsballast mit sich herum. Lesen Sie weiter, um zu erfahren, wie die Liebe auch leichter geht.

selbst eher unter Verschluss halten wollen. Vertrauen birgt immer auch ein Risiko in sich: das Risiko, verletzt zu werden.

Doch das Leben ist ein ständiges Risiko. Wie viele Sportarten betreiben wir mit dem Risiko, verletzt zu werden? Jede Autofahrt stellt rein statistisch ein größeres Risiko dar als ein Fallschirmsprung. Die Chance, sich beim Fensterputzen zu verletzen und dabei von der Leiter zu fallen, ist höher, als sich beim Skifahren ein Bein zu brechen.

Wie viele scheuen das Risiko der Liebe, aus Angst verletzt zu werden! Aber wer nicht wagt, der nicht gewinnt! Also gehen Sie immer wieder das Risiko ein, öffnen Sie sich und vertrauen Sie! Liebe geht nicht ohne! Jede Beziehung stellt in gewisser Weise ein Risiko dar. Das Sich-Einlassen auf einen Menschen, die Hingabe an den Partner, erfordert Mut.

Weg mit dem Liebesballast!

Wenn Sie sich auf einer Wanderung befinden, werden Sie jedes Gramm zu viel in Ihrem Rucksack auf Ihren Schultern spüren. Wenn Sie sich von unnötigem Ballast befreien, wird Ihnen die Wanderung sehr viel leichter fallen.

Mit welchem Ballast belasten Sie sich in Ihrer Liebe? Was für »Päckchen« schleppen Sie, vielleicht überflüssigerweise, mit durchs Leben? Stellen Sie sich vor, Sie tragen in jeder Hand eine Tasche mit jeweils zehn Flaschen Wasser. Spüren Sie das Gewicht, das an Ihren Armen und Schultern zieht? Schließen Sie die Augen und atmen Sie tief durch. Stellen Sie sich vor, wie Sie die Flaschen absetzen, eine nach der anderen aufdrehen und damit einen blühenden Rosenstrauch in Ihrem

> *»No risk no fun!« Wer nicht bereit ist, etwas zu riskieren, hat weniger Spaß im Leben.*

Garten gießen. Legen Sie die leeren Flaschen in die Taschen zurück und heben Sie sie in Ihrer Vorstellung an. Fühlen Sie die Leichtigkeit? Sie könnten fast abheben. Atmen Sie erneut tief ein und aus und öffnen Sie die Augen. So leicht könnte sich auch Ihre Beziehung anfühlen! Nehmen Sie sich die Zeit und definieren Sie Ihren ganz persönlichen Beziehungsballast. Was für den einen störend ist, kann für den anderen durchaus positiv sein. Wer es selbst gerne ordentlich mag, für den kommt der Sauberkeitsfimmel des Partners wie gerufen. Wer hingegen zum Chaos neigt, der wird unter dieser Eigenschaft eher leiden. Konflikte in der Beziehung sind vorprogrammiert, wenn zwei verschiedene Persönlichkeiten mit unterschiedlichen Erfahrungen aufeinandertreffen. Allein die Liebe und Anziehung zweier Menschen ist noch keine Garantie dafür, dass diese beiden auf Dauer zusammenpassen und ihre Beziehung den alltäglichen Anforderungen standhält.

Beziehungen zu entrümpeln bedeutet deshalb jedoch noch lange nicht, den Partner loszuwerden. Eine Trennung braucht gute Gründe und man sollte diese Entscheidung nicht vorschnell treffen. Jede Beziehung ist auch ein Lernprozess. Und wenn dieser immer dann abgebrochen wird, wenn es kompliziert oder schmerzhaft wird, dann ist die Gefahr einer Wiederholung groß. Bei der nächsten Beziehung fängt das alte Spiel wieder von vorne an. Versuchen Sie stattdessen, Blockaden in Ihrer Beziehung aufzuspüren und den Ballast zu reduzieren, der das Miteinander stört. **Betrachten Sie Ihr eigenes Verhalten kritisch und fragen Sie sich: Welche Faktoren blockieren meine Beziehung?** Reibungen gehören zum menschlichen Miteinander. Sie entstehen durch unterschiedliche emotionale und soziale Kompetenzen. Fehlende Einfühlung in die Situation des Partners führt zu Missverständnissen und Kränkungen. Frauen beschweren sich immer wieder, dass ihre

Partner selten anrufen, zu wenig Interesse an ihrem Gefühlsleben zeigen und schlechte Manieren haben. Männer beklagen sich eher, dass ihre Partnerinnen kontrollieren und klammern, ihnen kaum Ruhephasen und Freiräume gönnen.

Die täglichen Reibereien

Reichlich Zündstoff liefert auch der Alltag mit der Frage: »Wer macht was im Haushalt?« Im Zusammenleben treffen oft zweierlei Vorstellungen zum Thema Ordnung und Chaos aufeinander. In der Freizeit geht der Stress weiter: Während der eine lieber auf dem Sofa entspannt, zieht es den anderen hinaus in die freie Natur. Auch die Vorstellungen davon, wie viel Nähe eine Beziehung braucht, gehen häufig auseinander: Der eine klammert, während der andere flieht.

Solche Konflikte werden auf unterschiedliche Weise ausgetragen. Manche Paare führen eine offene Kommunikation und diskutieren alles aus, während andere die Auseinandersetzung eher subtil durch Beleidigtsein und Rückzug oder vordergründig durch Vorwürfe, offene Kritik und Streitereien austragen. Wieder andere kehren am liebsten alles unter den Teppich und hoffen, dass sich Konflikte irgendwann von alleine klären.

Fehlende Kommunikation führt zu ständiger Enttäuschung. Wie soll der andere wissen, was man selbst erwartet oder was einen bewegt, wenn nicht darüber geredet wird? Auf diese Weise entsteht gerade bei Frauen ein permanentes Gefühl von Defiziten. Ihnen fehlt ständig etwas: Die Aufmerksamkeit des Partners, seine Zuwendung, seine Zärtlichkeit, seine Zeit.

Doch gerade wenn man den »Richtigen« gefunden hat, sollte man sich frei, leicht und glücklich fühlen. Sich mit unnötigem »Liebesballast« zu belasten tut keinem gut. **Entlasten Sie Ihre Beziehung und Sie werden sich leichter fühlen.** Im folgenden Kapitel erfahren Sie, wie es geht.

Last und Liebe

JEDER MENSCH HAT SEINE EIGENE VORSTELLUNG VON LIEBE.
Wenn man sich Beziehungen anschaut, wird das sehr schnell deutlich. Manche Partnerschaften werden über weite Entfernungen hinweg geführt, etwa wenn sie in Berlin und er in New York lebt. Andere Paare verbringen möglichst viel Zeit zusammen und haben auch nach Jahren noch keine Nacht ohne den anderen verbracht. Wieder andere wollen ihre Freiheiten nicht aufgeben und leben in einer offenen Beziehung.
Der gemeinsame Nenner in unserer westlichen Kultur ist die Vorstellung, dass eine Beziehung auf romantischer Liebe beruht, die auf Gefühlen, gegenseitiger Anziehung und immerwährender Treue aufbaut. Arrangierte Ehen sind in unserer Kultur glücklicherweise indiskutabel.
In der Literatur wie auch in Filmen ist das Leben bestimmt durch die Suche nach der einzigen und »ewigen« Liebe, die, wie im Film »Titanic«, sogar über den Tod hinaus hält. Auch die Werbung spielt mit unseren Sehnsüchten und versucht uns Dinge, wie etwa Kosmetika und Düfte, zu verkaufen, die wir angeblich brauchen, um dem Partner zu gefallen.
Doch die Romantik steht im krassen Widerspruch zur Realität des Alltags: Trennungen sind an der Tagesordnung, fast jede dritte Ehe wird geschieden. Die romantische Sehnsucht nach lebenslanger Zweisamkeit und der Wunsch nach einem »Happy End« kollidieren mit der Realität. Dennoch halten die meisten von uns an ihren Träumen fest. Nicht zu Unrecht, denn natürlich ist es gut, optimistisch zu bleiben und an die Liebe zu glauben. Man sollte allerdings auch bereit sein, etwas dafür zu tun.

Facetten der Liebe

Wichtig ist, dass wir trotz unseres Optimismus die Liebe nicht mit überzogenen Erwartungen überfrachten. Sonst laufen wir Gefahr, enttäuscht zu werden. Menschen im Film tanzen durch die Gegend, Menschen im echten Leben sind vom Alltag gestresst und haben abends nicht mehr die Energie »die Sterne vom Himmel zu holen«. Im wahren Leben sollten wir von unserem Partner nicht Unmögliches erwarten, die Liebe nicht überfordern, sondern das schätzen, was unser Partner zu geben in der Lage ist.

Die pragmatische Liebe

Die romantische Liebe mag für den einen Grund genug sein, sich zu binden. Doch meist kommen, auch in unserem Kulturkreis, noch »handfeste« Interessen ins Spiel. Diese können finanzieller oder materieller Natur sein: Die Frau beispielsweise möchte sich und ihren Nachwuchs

Beleben Sie Ihre Liebe

Bieten Sie Ihrem Partner doch mal etwas Romantik. Ein Gourmet-Dinner zu zweit, mit Liebe gekocht, ein Picknick im Grünen an einem besonders schönen Ort, eine Einladung in die Abendsauna, ein Ausflug in den Klettergarten (mit Picknickkorb für danach) oder eine Achterbahnfahrt. Romantik kann viele Facetten haben, solange es Ihre Liebe belebt! Untersuchungen haben gezeigt, dass bei gemeinsamen Unternehmungen, die mit Bewegung oder einem Kick einhergehen, Glückshormone ausgeschüttet werden. Sie können sich diese Erkenntnis für Ihre Partnerschaft zunutze machen!

gut versorgt sehen, der Mann kann sich durch den Rückhalt seiner Partnerin ein Unternehmen aufbauen. Wie man an manchen Promi-Ehen sieht, erhöht oft der eine seinen Status durch die gesellschaftliche Stellung des anderen. »Berechnende Liebe« ist keine Ausnahme, erhofft man sich doch daraus irgendeine Form von Gewinn.

Nun scheint Liebe alles andere als rational. **Ziehen wir hingegen von einer Beziehung die unerklärlichen Gefühle ab, bleibt allerhand Praktisches.** Angefangen von der Art und Weise, wie der Partner morgens die Zahnpastatube ausdrückt, bis hin zu seiner andersartigen politischen Überzeugung.

Untersuchungen zufolge gibt es zumindest drei pragmatische Faktoren, die mit zum Gelingen einer Beziehung beitragen: Herkunft, Bildung, Werte. Wenn der »Stall«, aus dem beide Partner stammen, in etwa der gleiche ist, gibt es schon einen Stressfaktor weniger. Ähnelt sich das Bildungsniveau, kann man von genügend Gesprächsstoff und ähnlichen Interessen ausgehen. Teilt ein Paar die gleichen Wertvorstellungen, kann das, zusammen mit den Gefühlen, die man für einander empfindet, zu einem harmonischen und lang andauernden Zusammenleben führen.

Partner mit unterschiedlicher Herkunft und unterschiedlichen Religionen oder Wertesystemen können sich durchaus lieben und gut verstehen und anfangs mögen gerade die Unterschiede interessant sein. Nimmt jedoch die anfängliche Verliebtheit ab, können aus den ursprünglich interessanten Aspekten ernste Konflikte werden. Diese Differenzen lassen sich nur durch ein großes Maß an Toleranz und Respekt ausgleichen.

Die bedingungslose Liebe

Gerade in langjährigen und festen Beziehungen sind Konflikte und Krisen unausweichlich. Für eine reibungslose Liebe kann niemand ga-

Gehen Sie Ihrer Liebe auf den Grund

Überlegen Sie einmal:
- Aus welchem Grund lieben Sie Ihren Partner?
- Was genau ist es, das Sie an ihm/ihr lieben?

Was vermuten Sie:
- Aus welchem Grund liebt Sie Ihr Partner?
- Was genau ist es, was er/sie an Ihnen liebt?

Das hilft Ihnen zu erkennen, wie fest das Fundament Ihrer Liebe ist.

---

rantieren, absolute Sicherheit gibt es auch in langjährigen Beziehungen nicht. Die Kunst besteht darin, die Konflikte zusammen zu meistern. Den Partner auch noch dann zu lieben, wenn er ein inakzeptables Verhalten zeigt, scheint unmöglich. **Aber seinem Partner zu verzeihen, zeigt, wie wichtig er einem ist.** Und ihn wegen eines Fehltritts nicht gleich aufzugeben, sondern ihm eine neue Chance zu geben, ist die große Schule der bedingungslosen Liebe. Es ist einfach, jemanden zu lieben, wenn er immer das tut, was man von ihm erwartet. Fehltritte zu akzeptieren oder wenigstens zu tolerieren, ohne sich gleich zu trennen, ist dagegen sehr viel schwieriger.

Wenn man wirklich liebt, muss man im Zweifelsfall auch bereit sein, den Partner oder die Partnerin freizugeben. Manchmal stellt man erst nach Jahren fest, dass man in essentiellen Lebenszielen völlig auseinanderliegt. Wenn keine Kompromisse möglich sind und sich ein Partner gegen ein gemeinsames Leben entscheidet, dürfte ihm der andere zumindest theoretisch nicht im Wege stehen! Ein Kinderwunsch wäre beispielsweise ein wichtiger Punkt: Wünscht er sich Kinder, sieht er diese als einen unbedingten Teil seines Glücks an, während sie ihre Familienplanung bereits abgeschlossen hat, wäre es dann nicht bedingungslose Liebe, ihn freizugeben? Zugegebenermaßen ein äußerst schmerzvolles Loslassen! **Liebe ohne Wenn und Aber kann nur ohne Druck existieren.** Wenn der eine Partner vom anderen etwas einfordert nach dem Motto »Wenn du mich lieben würdest, würdest du das und das für mich tun …«, ist das pure Erpressung. Wahre Liebe geschieht freiwillig!

Ist mein Partner der richtige?

Oft entscheidet man sich nicht bewusst für eine Partnerin oder einen Partner, sondern es hat sich eben so ergeben. Man lernt sich kennen, verliebt sich, verbringt Zeit miteinander, lebt zusammen, heiratet vielleicht. Und so vergehen Jahre. Wenn man Glück hat, hat man den richtigen Lebenspartner gefunden, die Beziehung läuft »rund«.

Es können aber auch Zweifel auftauchen, ob dieser Partner wirklich der oder die richtige ist.

Die Zweifel setzen meist erst im gemeinsamen Alltag ein, wenn das alle Probleme überragende Gefühl der Verliebtheit allmählich abklingt. Dann wird die Wochenendbeziehung über lange Distanz allmählich zum Problem. Dann fallen einem plötzlich Kleinigkeiten im Zusammenleben auf, die bisher kaum eine Rolle spielten: Beispielsweise ihre langsame Art sich zu entscheiden, seine Angewohnheit, den Tank bis auf den letzten Tropfen leerzufahren und viele weitere Lappalien. Plötzlich treten Dinge in den Vordergrund, die man am Anfang der Beziehung noch nicht einmal wahrgenommen hat. Richtete sich damals das Augenmerk mehr auf die Gemeinsamkeiten, beachtet man jetzt eher die Unterschiede. Man kommt vielleicht zu der Feststellung: Er oder sie hat sich total verändert.

Was trägt meine Beziehung?

Nicht nur die Liebe stärkt eine Beziehung, sondern auch die Gemeinsamkeiten. Machen Sie sich diese einmal gezielt bewusst.

	trifft zu	trifft nicht/kaum zu
Wir haben gleiche Werte.	○	○
Unsere Herkunft ähnelt sich.	○	○
Jeder kennt das Vorleben des anderen.	○	○
Wir ähneln uns in Bezug auf die Bildung.	○	○
Wir haben die gleiche Religion.	○	○
Wir teilen kulturelle Vorlieben.	○	○
Jeder akzeptiert die politische Einstellung des anderen.	○	○
Jeder akzeptiert den Beruf des anderen.	○	○
Wie besitzen beide Einfühlungsvermögen.	○	○
Wir sind beide authentisch.	○	○
Unsere Lebensstile gleichen sich.	○	○
Wir sind in Gelddingen einer Meinung.	○	○
Wir lachen viel zusammen.	○	○
Wir teilen sexuelle Vorlieben.	○	○
Wir haben uns über unseren Kinderwunsch verständigt.	○	○
Wir teilen ein bis zwei Hobbys.	○	○

Falls Sie rechts mehr Kreuze als links gemacht haben, besteht Klärungsbedarf. Sie sollten mit Ihrem Partner über diese Punkte sprechen.

Doch was sich verändert hat, ist nur die eigene Sichtweise auf den anderen. Hat man ihn anfangs noch durch verliebte Augen betrachtet, scheint man nun überwiegend seine Fehler zu sehen. Machen Sie sich bewusst, was es wirklich war, das Sie anfangs an Ihrem Partner mochten. Welche seiner oder ihrer »Macken« empfanden Sie am Anfang Ihrer Beziehung als charmant und sogar liebenswert? Erinnern Sie sich! Und versuchen Sie, die heutigen Macken nicht ganz so ernst zu nehmen. Lächeln Sie innerlich, wie Sie am Beginn Ihrer Liebe gelächelt haben.

Ziehen sich Gegensätze wirklich an?

Gerade als Außenstehender entdeckt man bei Paaren immer wieder deren Unterschiede. »Die passen doch gar nicht zusammen« denkt man sich, wenn ein lebhafter, extrovertierter Typ eine sehr schüchterne, fast un-

auffällige Freundin hat. Dass sich Gegensätze anziehen, ist eine alte Weisheit. Wir suchen im Partner oft genau das, was uns selber fehlt. Der Schweigsame sucht die Eloquente, die Reisende sucht einen ruhigen Pol und ein Zuhause, der Begeisterungsfähige eine geerdete Frau, die ihn immer wieder auf den Boden der Tatsachen holt. Solche Konstellationen sind auch insofern bereichernd, als es beim Partner vieles zu entdecken gibt, was einem selbst eher fremd ist. So bleibt eine Beziehung spannend. Lebt man hingegen mit einem Partner zusammen, der einem sehr ähnelt, fast das eigene Spiegelbild darstellt, kann das ein sicheres und ruhiges Zusammenleben zur Folge haben, man scheint ihn ja zu kennen wie sich selbst. Aber einer solchen Beziehung fehlt oft der Spannungsbogen.
Idealerweise gleichen sich die beiden Persönlichkeiten in manchen Punkten und unterscheiden sich in anderen. Machen Sie sich bewusst, was für Sie wirklich wichtig ist. Falls Sie großen Wert auf Ordnung legen, sollte auch der andere ein ordnungsliebender Mensch sein – es sei denn, er kann seinen fehlenden Ordnungssinn durch andere Vorzüge wettmachen oder Sie finden einen guten Kompromiss.

Nicht alles muss geteilt werden

Jeder von uns hat seine eigenen Interessen und Hobbys, die auch in einer Beziehung weitergelebt werden wollen. Aber muss der Partner diese unbedingt auch teilen? Was, wenn er das Joggen hasst, Sie aber jeden Morgen einige Kilometer laufen? Werden Sie sich darüber klar, welche Ihrer Bedürfnisse Ihr Partner unbedingt abdecken muss. Doch überfordern Sie ihn nicht, alles kann er nicht leisten. Schließlich bringt er auch seine eigenen Interessen mit. Sie werden sicher eine gemeinsame Schnittstelle finden. Verlangen Sie von Ihrem Partner nicht, dass er alles mitmachen soll.

Der Umgang mit Macken

Nehmen Sie ein Blatt Papier und einen Stift und schreiben Sie Ihre Antworten zu folgenden Fragen auf:

1. Welche Macken Ihres Partners würden Sie gerne loswerden?
2. Wie reagieren Sie auf diese Macken? Gar nicht, missbilligend, ärgerlich, wütend, hysterisch, völlig überzogen?
3. Was denken Sie, welche Ihrer Macken stört Ihren Partner oder Ihre Partnerin?
4. Was würde er/sie am liebsten an Ihnen verändern?

Zu 1.: Sind das wirkliche Macken, die Ihnen das Leben schwer machen, oder nur kleine Webfehler, wie sie jeder hat? Wenn diese Kleinigkeiten weg wären, würde Ihnen dann nicht womöglich etwas in der Beziehung fehlen?

Zu 2.: Ihre negative Reaktion wird nichts verändern, also machen Sie sich gegenseitig das Leben nicht allzu schwer. Sprechen Sie ruhig mit ihr oder ihm darüber. Falls das zu keinem Erfolg führt, verlassen Sie, wenn nötig, einfach den Raum.

Zu 3.: Sie sind sich keiner eigenen Macken bewusst? Fragen Sie mal vorsichtig bei Ihrem Partner nach.

Zu 4.: An der Antwort könnte sich zeigen, dass die »Mackenbilanz« ausgeglichen ist. Am besten vereinbaren Sie, dass Sie beide Ihre Macken behalten dürfen und versuchen werden, die des Partners auszublenden.

Freiräume schaffen und gestalten

Gewisse Freiräume für »Alleingänge« braucht jede Beziehung, genauso wie sie gemeinsame Unternehmungen braucht. Wenn der Mann sich nichts aus klassischem Ballett macht oder in der Oper einschläft, muss das für die Frau noch lange kein Grund sein, auf diesen Genuss zu verzichten. Sie findet bestimmt eine Freundin als Begleitung. Dafür freut er sich vielleicht auf ein Spiel, zu dem er seine Kumpels mitnehmen kann. So hat jeder seine Freiräume und kann gewisse Interessen auch mit anderen Menschen (neben dem Partner) teilen.

Eine Beziehung ist keine untrennbare Einheit; das heißt, der eine Partner muss es auch mal ohne den anderen aushalten können und ihm eigene Erlebnisse gönnen. Sie fährt zum Wochenendseminar, er zum Rafting und am Sonntagabend haben sie sich gegenseitig viel zu erzählen. Es kann eine Beziehung nur stärken, wenn von beiden Seiten die Eifersucht (nicht nur auf Menschen, sondern auch auf Interessen) außen vor bleibt und beide Partner ihre Freiräume schätzen. Obwohl man ein Paar ist, bleibt jeder eine eigenständige Persönlichkeit.

Starke Partner sind autark

Jeder Mensch strebt danach, sich zu verwirklichen und zu entwickeln. Das kann nicht immer in der Beziehung geschehen, dazu sind auch Aktivitäten außerhalb notwendig. Wer von seinem Partner erwartet, dass er diese aufgibt, nur weil man jetzt zusammenlebt, beschneidet dessen Persönlichkeitsrechte. **Eine wahrhafte und starke Partnerschaft besteht immer aus zwei starken und autarken Partnern, die sich ihrer selbst bewusst sind.** Den anderen in der Entwicklung seiner Persönlichkeit zu unterstützen, sei es beruflich oder in seinen Interessen, sollte in einer Partnerschaft selbstverständlich sein. Die Gefahr, dass man sich »vonein-

> *»Was ich festhalte, das flieht vor mir, und was ich loslasse, folgt mir hinterher.«*
> *(Tibetische Weisheit)*

ander wegentwickelt« ist nur dann gegeben, wenn man den Partner nicht an seiner Entwicklung teilhaben lässt oder sie nicht mit ihm teilen kann. Wenn er ihren Seminaren gegenüber negativ eingestellt ist und nichts darüber hören will, tut er damit der Beziehung keinen Gefallen. Wenn sie seine beruflichen Ambitionen nicht unterstützt, wird er sich nicht akzeptiert fühlen.

In einer gesunden Beziehung hat jeder seine Freiräume, die er nutzt und über die er sich mit dem Partner austauscht. Das sorgt für Lebendigkeit und schafft wiederum Nähe – die jedoch nicht zu verwechseln ist mit erzwungener Nähe, tagtäglichem »Aufeinandersitzen« und zwanghaftem Miteinander, das bei den meisten Menschen eher Fluchtgedanken aufkommen lässt.

Nähe und Distanz

Nähe und Distanz sind zwei Seiten derselben Medaille, das eine gibt es nicht ohne das andere. Es handelt sich dabei nicht um Gegensätze, sondern um Energien, sie sich gegenseitig bedingen und auch anziehen. Genauso wie Ebbe und Flut, Leere und Fülle, Yin und Yang. Wenn man sich in einer Beziehung ständig nahe ist, sich tagtäglich sieht, bleibt die Sehnsucht auf der Strecke. Sehnsucht erzeugt Begehren und beides lässt sich nur durch Distanz herstellen. Ist der Partner ab und zu weg, lernt man es wieder schätzen, wenn er zurückkommt. So erzeugt die vorherige Distanz ein größeres Gefühl der Nähe.

Sie kennen das sicher: Mal genießen Sie es, stundenlang Händchen zu halten, ein andermal brauchen Sie

Ruhe und Freiheit, die Nähe wird Ihnen zu viel. Dieses Auf und Ab ist wie Ebbe und Flut, beides ist natürlich und beides hat seine Zeit. Allerdings deckt sich der Grad der Nähe, die Sie gerade suchen oder ertragen, nicht unbedingt mit dem, was Ihr Partner wünscht. Werden wir zurückgewiesen, weil der Partner gerade mal seine Freiheit braucht, so sind wir verletzt. Werden wir jedoch vom anderen zu stark bedrängt, wollen wir weg.

Definieren Sie Ihre Bedürfnisse

Im Idealfall treffen zwei Gleichgesinnte aufeinander: Beide haben das Bedürfnis, jede freie Minute miteinander zu verbringen oder beide sind mit ihrer Fernbeziehung glücklich, in der sie sich nur jedes zweite Wochenende sehen.

Doch die meisten Beziehungen sehen anders aus: Der eine braucht seine Freiheit, der andere fühlt sich ungeliebt oder bereits verlassen, wenn der Partner mal zwei Tage nicht anruft. Schläft der eine lieber unter seiner eigenen Decke, wertet das der andere bereits als Liebesentzug. Hinter einem solchen Verhalten steckt fast immer die Angst, eines Tages verlassen zu werden.

Definieren Sie daher Ihre Bedürfnisse und fassen Sie Ihre Gefühle in Worte. **Lassen Sie Ihren Partner wissen, wie viel Nähe Sie von ihm brauchen.** Bei einer Fernbeziehung kann eine SMS am Tag oder ein Telefonat reichen, nach dem Motto »Ich wünsche mir ein tägliches Lebenszeichen von dir«.

Teilen Sie auch Ihre Bedürfnisse nach körperlicher Nähe mit, wie Händchenhalten, Kuscheln oder heißen Sex. Werden Sie sich darüber klar, was konkret Sie brauchen. Doch bringen Sie Ihre Wünsche nicht als Vorwurf zum Ausdruck (»Nie streichelst du mich!«), sondern artikulieren Sie immer klare Bedürfnisse: »Ich wünsche mir, dass du mich abends auf dem Sofa auch mal in den Arm nimmst.«

Kleine Geheimnisse darf man hüten

Eine gesunde Distanz entsteht auch dadurch, dass man kleine Geheimnisse für sich behält und nicht alles dem Partner mitteilen muss. Jeder Mensch hat wahrscheinlich geheime Wünsche und Fantasien, die nicht unbedingt ausgesprochen werden müssen. **Es ist vollkommen legitim, wenn man nicht alles mit dem Partner teilt, auch und gerade in einer sehr engen Beziehung.** So gibt es vielleicht gewisse »Peinlichkeiten« in Ihrer Vergangenheit, die Sie lieber für sich behalten und die auch nichts mit der jetzigen Partnerschaft zu tun haben. Hüten Sie ruhig solche kleinen Geheimnisse!

Wie gesagt, es kann vorkommen, dass der eine Partner eine andere Vorstellung von Nähe hat, als der andere: Der eine braucht mehr Nähe, der andere entfernt sich lieber. Dabei ist weder das eine noch das andere geschlechtsspezifisch. Wer Distanz sucht, empfindet sich dadurch vielleicht als weniger verletzlich. Rückt ihm der Partner dann zu dicht auf die Pelle, treibt ihn das womöglich in die Flucht. Beobachten Sie dieses Verhalten, aber nehmen Sie es nicht gleich persönlich. Es hat nicht unbedingt etwas mit Ihnen zu tun, sondern meist mit Erfahrungen aus der Vergangenheit.

Beziehungsballast

Jeder Mensch muss hin und wieder entrümpeln – sowohl sein Leben als auch sein Haus. Den Ballast der anderen vermögen wir leicht zu erkennen. Doch was uns bei ihnen als Ballast erscheinen mag, erachten diese Menschen vielleicht als notwendig.

Ein Gleichgewicht von Nähe und Distanz tut der Beziehung gut.

Ein jeder muss sein eigenes »Gerümpel« selbst definieren. Im Haus scheint es leicht, da ist es sichtbar. Aber im Leben oder in der Liebe? Da muss man sich erst einmal Gedanken machen, sich hinsetzen, vielleicht das eine oder andere aufschreiben. Hilfreich wäre es auch, mit dem Partner darüber zu reden, was er denn als belastend empfindet. Aber bitte, bleiben Sie bei Ihrem eigenen Ballast, damit haben Sie genug zu tun. Den Ballast Ihres Partners kann nur dieser für sich definieren und auch nur selbst entsorgen.

Weg mit dem Alltagsstress

Den größten Belastungen scheint eine Beziehung im gemeinsamen Alltag ausgesetzt zu sein. Es gibt vielerlei Differenzen, die die Liebe belasten, angefangen bei Fragen der Kindererziehung bis hin zu Themen wie Geld und Finanzen. Die Hitliste der alltäglichen Auseinandersetzungen wird jedoch angeführt vom Thema Hausarbeit und der Frage: Wer macht was?

Die meisten Frauen bedauern, dass ihre Männer zu wenig im Haushalt mithelfen oder die Arbeit gar nicht wahrnehmen. Sie erwarten, dass Männer von alleine anpacken und sehen, was gerade zu tun ist. Keine Frage, dass sowohl Männer als auch Frauen durchaus in der Lage sind, einen Haushalt in Schuss zu halten. Sobald sie diesen aber zusammen führen, beginnt der Stress.

In einer gemeinsamen Wohnung treffen nicht selten zwei unterschiedliche Vorstellungen von Sauberkeit und Ordnung aufeinander. Er würde am liebsten täglich Staubsaugen, während sie ihre Dinge gern mal auf dem Boden verstreut. Sie faltet Handtücher und T-Shirts akkurat,

Befreien Sie sich von allem, was das Haus und das Leben belastet.

während er seine Klamotten einfach in den Schrank stopft.

Damit sich derartige Unterschiede nicht zu Streitereien auswachsen, ist es wichtig, einen Kompromiss zu finden. Stecken Sie Grenzen ab: Stellen Sie sicher, dass in der Wohnung jeder eigene Bereiche hat, zum Beispiel eigene Schränke oder Fächer in den Schränken, in denen er seine Dinge nach eigenem Gusto verstauen kann. Ideal wäre außerdem, wenn jeder neben den gemeinschaftlich genutzten Räumen ein eigenes Zimmer hat und sich dort ausleben kann, wie er es gerne möchte. Egal, wie klein oder groß die Differenzen im täglichen Zusammenleben auch sind: Ganz ohne Kompromissbereitschaft und Toleranz funktioniert keine Beziehung.

Jeder arbeitet anders

Glücklicherweise hat in den meisten Partnerschaften jeder seine eigenen

 Scheingefechte

Wenn sich ein Paar ständig wegen häuslicher Lappalien streitet und der Streit größere Ausmaße annimmt, kann es sein, dass an anderer Stelle etwas in der Beziehung nicht stimmt. Dann werden nur Scheingefechte an der falschen Front geführt. Die Themen, um die da gestritten wird, sind eigentlich nicht von Belang. Machen Sie sich bewusst, worum es Ihnen beiden wirklich geht, anstatt sich an Nebensächlichkeiten aufzureiben.

Vorlieben, auch bei der häuslichen Arbeitsteilung. Der eine arbeitet gerne mit Maschinen, am liebsten mit lauten und dröhnenden; also ist es wohl am besten, wenn er das Staubsaugen übernimmt. Der andere planscht grundsätzlich gerne mit Wasser und dürfte es daher vorziehen, das Badezimmer zu putzen. **Auch hier ist alles nur eine Frage der Kommunikation: Sprechen Sie sich ab, wer was im Haushalt macht.** Dass der oder die Stärkere die schweren Einkäufe und Getränkekisten schleppt, sollte selbstverständlich sein. Wobei eine Haltung von Hilfsbereitschaft generell fördernd für eine Beziehung ist. Dazu gehört auch, dass jeder aufmerksam ist und von sich aus die offensichtlichen Arbeiten übernimmt: mal schnell eine Maschine mit Wäsche füllt, den Mülleimer leert oder das Toilettenpapier auffüllt.

Übrigens scheinen alte Rollenvorstellungen heute immer weniger zuzutreffen: Das Heimwerken wird mehr und mehr zur Frauensache, wohingegen Männer zunehmend in der Küche aktiv werden. Schön, wenn jeder alles kann, dann müssen nur noch die Arbeiten aufgeteilt werden. In Wohngemeinschaften haben sich wöchentliche Koch- und

Putzpläne bewährt. Machen Sie es genauso: Statt jedesmal zu diskutieren, wer denn nun kochen oder putzen soll, können solche Pläne die Aufgabenverteilung wesentlich erleichtern. Und falls mal gar keiner Lust hat zu kochen, kann man auch zusammen Essen gehen.

Machen Sie sich auf alle Fälle keinen Beziehungsstress wegen der Hausarbeit! Falls Ihnen alles zu viel wird, tun Sie einfach weniger. Es muss auch nicht alles sofort erledigt werden: Staub bleibt geduldig liegen und der Abwasch ist sicher morgen auch noch da.

»Aber ich kann das nun mal nicht sehen, wenn die Küche unordentlich ist«, mögen einige Perfektionisten einwenden. Üben Sie sich in Gelassenheit, sehen Sie einfach darüber hinweg. Oder übernehmen Sie es aus freien Stücken, ohne sich darüber zu beklagen.

Oder Sie lassen ganz los und lernen zu delegieren: Überlassen Sie Ihrem Partner die Arbeit und die Entscheidung, wann er sie erledigt. Legen Sie nur einen groben zeitlichen Rahmen fest. Ob die Arbeit dann am Mittwoch oder am Samstag erledigt wird, sollte keine große Rolle spielen. Hauptsache sie wird erledigt. Versuchen Sie jedoch, sich wenigstens den Sonntag frei von lästiger Hausarbeit zu halten.

Falls keiner der Partner große Lust auf Hausarbeit verspürt, gäbe es auch die Möglichkeit, eine Putzhilfe einzustellen. Der finanzielle Aufwand lohnt sich spätestens dann, wenn es hierdurch einen Konfliktpunkt weniger im Haus gibt.

Verschiedene Lebensstile

Ein weiteres Konfliktthema können unterschiedliche Lebensstile bieten. Verhaltensweisen wie Unpünktlichkeit oder Unverbindlichkeit können einen Partner ebenso zur Weißglut bringen wie unterschiedliche Gewohnheiten. Ist der eine ein Frühaufsteher und der andere eine Nachteule, kann dies auf Dauer sehr belastend für die Beziehung sein. In

Falle: Perfektionismus

Kreuzen Sie bitte im Folgenden die Aussagen an, die auf Sie zutreffen:

○ **Ich versuche immer alles so perfekt wie möglich zu machen.**
○ **Die anderen machen die Arbeit nicht so perfekt wie ich.**
○ **Ich verstehe es, die Dinge zu optimieren.**
○ **Ich mag es, meine Arbeit optimal im Griff zu haben.**
○ **Ich habe gerne alles nach meinen Vorstellungen.**
○ **Ich stelle hohe Ansprüche an mich selbst.**
○ **Ich stelle hohe Ansprüche an meine Mitmenschen.**
○ **Ich kann schlecht delegieren.**
○ **Was ich nicht perfekt kann, mache ich lieber gar nicht.**

Bei mindestens zwei angekreuzten Punkten neigen Sie zum Perfektionismus.

Um sich und Ihren Mitmenschen das Leben leichter zu machen, beherzigen Sie folgende Empfehlungen:

- Geben Sie Verantwortung ab und ertragen Sie, dass andere anders arbeiten.
- Halten Sie sich mit Kritik möglichst zurück.
- Mischen Sie sich nicht ungefragt ein.
- Ertragen Sie auch mal Situationen, die nicht ganz optimal sind.
- Lassen Sie mal Fünfe gerade sein. Bleiben Sie locker!
- Trauen Sie Ihrem Partner mehr zu.
- Schrauben Sie Ihre Ansprüche herunter und geben Sie sich mit weniger zufrieden.
- Haben Sie den Mut, auch mal Fehler zu machen!

solchen Beziehungen ist viel Nachsicht und Toleranz gegenüber dem Partner, der Partnerin gefragt, aber auch die Fähigkeit, zu seinen eigenen Bedürfnissen zu stehen: »Schatz, du kannst gerne früher aufstehen, aber lass mich bitte weiterschlafen!«
Versuchen Sie nicht, sich einem anderen Lebensrhythmus anzupassen, wenn Ihnen das schwerfällt.
Ein Fitnessfreak, der nach 18 Uhr nichts mehr isst, und eine Genießerin, die abends gerne essen geht, dürften in Sachen Genuss ebenfalls wenig Spaß zusammen haben. Doch Kompromisse sollten möglich sein: Man kann sich sicher auch mal darauf einigen, am Wochenende zumindest mittags schön zusammen essen zu gehen. Und während der Woche kann man sich auch mal abends zum Essen mit Freunden treffen, während der andere Sport treibt.
Sich für den anderen zu verbiegen, hilft wenig. Doch wenn jeder Partner einen Schritt auf den anderen zugeht, lässt sich meist eine Übereinkunft erzielen.

Bei Partnern, die zusammenleben, können auch unterschiedliche Einrichtungsstile und ästhetische Vorlieben zum Konfliktstoff werden. Sie liebt modernes Design und er Eiche rustikal? Dann wäre es vielleicht eine Lösung, wenn neben den gemeinsamen Räumen jeder ein eigenes Zimmer hat. Eine andere Möglichkeit wäre es, einen professionellen Einrichtungsberater zu konsultieren. Er besitzt das Wissen, wie man verschiedene Stile zu einem harmonischen Ganzen vereinen kann. Investieren Sie in Ihre Beziehung! Es ist überaus wichtig, dass sich beide Partner in einer gemeinsamen Wohnung wohlfühlen.

Gesellschaftliches Leben

Verschaffen Sie sich selbst Klarheit darüber, was Ihnen neben Ihrer Partnerschaft noch am Herzen liegt: beispielsweise ein soziales Engagement oder Unternehmungen mit Freunden. Nehmen Sie sich dafür bestimmte Abende frei und stimmen

> *In einer intakten Partnerschaft herrschen Toleranz und Nachsicht.*

Sie sich mit Ihrem Partner ab. Der andere kann ja an diesen Abenden ebenso seinen persönlichen Interessen nachgehen. Wichtig ist, dass Sie Ihre eigenen Bedürfnisse ernst nehmen und Ihren Standpunkt klar kommunizieren: »Ich lege großen Wert darauf, jeden Mittwoch meine Freunde zu treffen.« Haben Sie den Mut, sich diesen Freiraum im Zweifelsfall auch gegen den Widerstand Ihres Partners oder Ihrer Partnerin zu erkämpfen.

Überhaupt muss der jeweilige Freundeskreis der beiden Partner nicht unbedingt zusammengefasst werden. Wichtig ist nur, dass jeder Partner seinen alten Freundeskreis behalten kann. Wenn der Mann sich mit ihren Freundinnen überhaupt nicht versteht, gilt es einen Kompromiss zu finden. So könnte sie sich beispielsweise einmal in der Woche allein mit ihren Freundinnen treffen und der Partner hat an diesem Abend Zeit, etwas mit seinen eigenen Kumpels zu unternehmen. Hier ist gegenseitige Toleranz genauso wichtig wie die Bereitschaft, dem anderen seinen Freiraum in der Beziehung zuzugestehen.

Gemeinsame Unternehmungen

Eine Partnerschaft braucht andererseits Gesprächsstoff. Deshalb ist es auch wichtig, dass Sie gemeinsam Einladungen annehmen und Veranstaltungen besuchen. Raffen Sie sich abends nochmals auf und gehen Sie zu einem Vortrag oder zu einer Vernissage. Laden Sie Freunde zu sich nach Hause ein. Das bringt Leben in Ihre Beziehung.

Gewiss ist so etwas auch eine Frage des Temperaments: Die eine Person ist eher ein Partylöwe, die andere eine Couchpotato. Und wie es die Anziehung so will, treffen in einer Beziehung ja oft Gegensätze aufeinander (siehe Seite 37). Das zeigt sich dann nicht zuletzt am gemeinsamen sozialen Leben. Der eher lebhafte, ausgehfreudige Part ist auch noch nach einem langen Arbeitstag in der Lage, das Haus zu verlassen, wohingegen der passive Part abends eher müde ist und es sich am liebsten auf dem Sofa bequem macht.

Doch gemeinsame Interessen und Unternehmungen stärken eine Beziehung und vertiefen die Liebe. Verschieben Sie Ihre gemeinsamen Aktivitäten deshalb nicht auf irgendwann. Machen Sie nach Möglichkeit mindestens einen Abend in der Woche zu Ihrem Pärchenabend. Wechseln Sie sich beim Gestalten dieses Abends ab: Einmal bestimmen Sie, einmal Ihr Partner. Lassen Sie sich überraschen! Aber halten Sie an diesem Termin fest. Sonst sind schnell drei Wochen vergangen und Sie haben das Haus noch immer nicht verlassen. Isolieren Sie sich nicht vom gesellschaftlichen Leben. Gehen Sie herunter vom Sofa, heraus aus der Komfortzone!

Verhalten tolerieren oder verändern

Oft sind es nur Kleinigkeiten, die enorm nerven und zwischen den Partnern zu langfristigen Verstimmungen führen können: unpünktlich zu sein, Termine zu vergessen, nicht anzurufen, schlecht zuzuhören, zu schnarchen, schlechte Manieren zu zeigen, keine Zeit zu haben. Die Liste schlechter Angewohnheiten und tadelnswerten Verhaltens lässt sich beliebig fortsetzen. Meist hat man es versäumt, gleich zu Beginn der Beziehung diese Punkte anzusprechen. Beispielsweise fand er es anfangs noch ganz charmant und spannend, auf sie zu warten. Doch grundsätzlich kann er Unpünktlichkeit nicht ausstehen.

Redet man erst später über solche Dinge, kommt nahezu zwangsläufig das Argument: »Früher hat es dich doch auch nicht gestört!« Gewiss, aber im Laufe der Jahre wird diese Unpünktlichkeit eben doch lästig. Und irgendwann geht sie einem nur noch auf die Nerven und stört. Was hat sich also verändert? Das Verhalten Ihres Partners oder Ihrer Partnerin jedenfalls nicht, sondern nur Ihre eigene Sichtweise darauf. Durch die Brille der ersten Verliebtheit betrachtet nahm man anfangs vieles in Kauf, konnte selbst unmögliches Benehmen entschuldigen. Wie man es im Einzelnen schafft, mit schlechtem Verhalten umzugehen, erfordert Fantasie. Die Wartezeit des unpünktlichen Partners als geschenkte Zeit zu betrachten und zu versuchen, sich nicht zu ärgern, wäre eine mögliche Strategie. Immer ein Buch bei der Hand zu haben und so lange zu lesen, eine andere. Von Verabredungen ganz abzusehen, wäre eine weitere Möglichkeit, jedoch sicher nicht die beste.

Auch ein »Kuhhandel« wäre denkbar, etwa nach dem Motto: »Wenn du diese schlechte Gewohnheit endlich aufgibst, gebe ich jene schlechte Gewohnheit auf.« Doch wie das so ist bei schlechten Gewohnheiten, sind sie nur schwer gegen gute zu ersetzen.

Unterschiedliche Werte und Haltungen

Unsere Werte sind bestimmt durch das kulturelle Umfeld, in dem wir aufwachsen, durch unsere Religion, unsere Familie und Sozialisation. Darüber hinaus definiert ein jeder im Laufe seines Lebens noch eigene Werte aufgrund seiner Erfahrungen. Wenn der Wert »Treue« beispiels-

Kann man das Verhalten des anderen nicht verändern, bleibt nur, die eigene Sichtweise zu verändern.

weise vom Partner nicht geteilt wird, ist der Konflikt vorprogrammiert. In solchen Fällen, in denen kein Kompromiss möglich ist (ein bisschen Treue gibt es nicht), helfen nur Gespräche, die in aller Klarheit und Offenheit geführt werden. Machen Sie Ihrem Partner ohne Druck und Vorwürfe deutlich, wie wichtig Ihnen der Punkt Treue für das Zusammenleben ist.

Wenn dagegen ein Partner nur großen Wert auf seine persönliche Freiheit legt, der andere mehr auf Familie, dürfte ein Kompromiss möglich sein. So könnte man in der Beziehung dem anderen ab und zu mal einen Urlaub von der Familie zugestehen, in dem er persönliche Freiheiten ausleben kann.

Grundsätzlich sollte jede Beziehung auf gemeinsamen Werten wie Achtung, Verbindlichkeit und Verlässlichkeit basieren. Jeder Mensch möchte so, wie er ist, anerkannt und respektiert werden. Wenn einer der Partner beispielsweise keine Achtung vor dem Beruf des anderen hat und sich darüber nur verächtlich äußert, schadet das der Beziehung. Verbindlichkeit wiederum bedeutet, dass man zu seiner Beziehung steht und diese nicht immer wieder infrage stellt. Hat man sich einmal füreinander entschieden, sollte man zu dieser Entscheidung ebenso stehen wie zu den Absprachen, die man im Zusammenleben trifft – angefangen von der Kindererziehung bis hin zu den Haushaltspflichten. Dass man sich in einer Beziehung auf den Partner verlassen kann, sollte ebenfalls selbstverständlich sein. Das betrifft nicht nur das Thema Pünktlichkeit. In extremen Situationen, wie Krankheit oder Krisen, ist es noch viel wichtiger zu wissen, dass man jederzeit auf den Partner, auf die Partnerin zählen kann.

Kommunizieren Sie daher beizeiten, welche Werte Ihnen wichtig sind. Nur durch eine klare Kommunikation, ohne Vorwürfe und Drohungen (siehe ab Seite 106), lassen sich Kompromisse und ein gemeinsamer Nenner finden.

Achtsam und aufmerksam sein

Die Grundlage jeder Liebe ist Achtsamkeit und Empathie. Wenn ich jemanden liebe, dann achte ich auf ihn und seine Bedürfnisse, dann versuche ich nachzuvollziehen, wie es ihm geht, schlüpfe auch schon mal in seine »Haut«. Dieses Einfühlungsvermögen ist bei dem einen mehr und bei dem anderen weniger ausgebildet. Letzterem muss man erst einmal auf die Sprünge helfen, indem man ihm mitteilt, wie es einem mit dieser Aussage oder jenem Verhalten geht. Dazu ein Beispiel: Er ist mit seinen Freunden übers verlängerte Wochenende beim Skifahren und hat sie seit zwei Tagen nicht angerufen. Sie ist sauer, nimmt an, dass er sie absichtlich nicht anruft um sie zu ärgern: »Er müsste doch wissen, dass mich das verletzt.« Doch er weiß es tatsächlich nicht, hat einfach nicht daran gedacht, war ständig beschäftigt mit seinen Kumpels und hatte auf der Piste das Handy nicht dabei.

Um aus dem Kreislauf der Kränkung, der Unsicherheit und Wut herauszukommen hilft es ihr nur, ihn selbst anzurufen und ihm freundlich mitzuteilen, was man genau erwartet: »Ruf mich bitte einmal am Tag an oder schreib mit wenigstens eine SMS, damit ich ein Lebenszeichen von dir habe.« Er würde doch im umgekehrten Fall das Gleiche erwarten! Sich in den anderen hineinzudenken hilft beiden Partnern, sich einfach mal zu fragen: »Wie würde es dem anderen an meiner Stelle gehen?« Dann würde er sicher feststellen, dass er gern ein Lebenszeichen hätte, und sie könnte sich vorstellen, mitten im Skivergnügen nicht mehr ans Telefonieren zu denken.

Nicht auf den anderen zu achten, muss nicht immer böse Absicht sein. So denkt man vielleicht in einem stressreichen Job nicht immer an den anderen und schon gar nicht daran, ihn während der Arbeit anzurufen. Es gibt Menschen, die sich einfach nur mit einer Sache beschäftigen können. Sie haben während ihrer Arbeit keinen Gedanken an den anderen. Andere dagegen sind multitaskingfähig und können sich mit mehreren Dingen gleichzeitig beschäftigen. Aber spätestens, wenn man abends von der Arbeit nach Hause geht, kann und sollte man dann doch an seinen Partner oder seine Partnerin denken, ihm oder ihr vielleicht auf dem Heimweg noch eine kleine Aufmerksamkeit wie ein paar Blumen oder einen Wein für den Abend mitbringen. Oder wie wäre es einfach mit ein paar liebevollen Worten zur Begrüßung, um den Partner fröhlich zu stimmen?

Positives Feedback

Die Menge an Aufmerksamkeit, die wir brauchen, um uns geliebt zu fühlen, ist individuell. Zu wenig Beachtung führt oft zu Kränkungen, man fühlt sich zurückgesetzt und unwichtig. Bei Frauen kann dies dazu führen, dass sie ihre Kommunikation einstellen, sich zurückziehen, beleidigt sind. Eine Verhaltensweise, die bei Männern auf Hilflosigkeit stößt, denn sie sind sich meist nicht bewusst, etwas falsch gemacht zu haben. Schreibt eine Frau ihrem Partner eine SMS, so erwartet sie eine Antwort. Bekommt sie diese nicht, zieht sie sich zurück und ist beim nächsten Kontakt meist noch etwas »verschnupft«. Der Partner versteht ihre Reaktion nicht, weil er gar nicht weiß, was er eigentlich falsch gemacht hat. Er versteht sein »Nichtantworten« nicht als Missachtung. Um dem Partner die Möglichkeit zu geben, das nächste Mal anders zu reagieren und sich selbst aus der Enttäuschung zu holen, hilft nur: **Teilen Sie sich mit!** Erklären Sie Ihrem Partner, was Sie erwarten, was Ihrer Meinung nach zum aufmerksamen

Jeder Mensch wünscht sich liebevolle Zuwendung.

Miteinander gehört. Sie müssen Ihrem Partner schon sagen, wie viel Aufmerksamkeit Sie von ihm wünschen, und dürfen nicht erwarten, dass er Ihnen die Wünsche von den Augen abliest. Ihm Vorwürfe zu machen oder nur negatives Feedback zu geben, ist kontraproduktiv. Hat er Ihnen seine Aufmerksamkeit geschenkt, sich nach Ihrem Wohlbefinden erkundigt, Ihnen morgens einen schönen Tag gewünscht, dann lassen Sie ihn auch wissen, dass Sie sich darüber freuen. Dann kann der Partner auch in Zukunft entsprechend handeln.

Der Umgang mit Enttäuschungen

Wenn etwas nicht so läuft, wie wir es gerne hätten, wenn sich unsere Mitmenschen nicht so verhalten, wie sie unserer Meinung nach sollten, sind wir oft enttäuscht. Wir fühlen uns schlecht, vielleicht auch traurig und als Opfer. Wir machen den anderen verantwortlich für unser Gefühl, schließlich ist er es, der uns enttäuscht hat! Enttäuschungen sind ein großer Störfaktor des Gefühlslebens und damit auch der Beziehung.
Im Wort »Enttäuschung« steckt der Stamm »täuschen«. Was bedeuten kann, dass man entweder von jemandem getäuscht wurde oder dass man sich selbst getäuscht hat. Man ist vielleicht nur einer individuellen Täuschung aufgesessen, die man hätte verhindern können, wenn man genau hingesehen hätte. Oft sehen wir aber nur, was wir sehen wollen, und erwarten, was wir erwarten möchten. Wir sind dann nicht offen gegenüber der Realität, sondern denken, dass wir mit unseren Gedanken die Realität verändern könnten. **So sind wir getäuscht, weil unsere Wahrnehmung nicht sieht, was ist, sondern was sein sollte.**
Am Anfang der Beziehung hat man beispielsweise nicht wahrgenommen, dass der Partner keine Hunde mag. Er hat das Tier zwar nicht beachtet oder angefasst, aber da er sich

nicht negativ geäußert hat, hat man auf seine »Tierliebe« geschlossen. Zu Unrecht, denn im Laufe der Beziehung wurde deutlich, dass ihn vieles an dem Hund störte, zum Beispiel der Geruch des nassen Fells. Hätte nicht die anfängliche verliebte Wahrnehmung den Blick getrübt, hätte man es sofort merken müssen. Wenn wir also in einer Beziehung etwas erwarten, was der andere vielleicht gar nicht bereit ist zu geben oder zu tun, können wir uns auch nicht beschweren. Wir hatten einfach nur die falschen Erwartungen! Also sehen Sie genau hin, fragen Sie lieber einmal nach, erwarten Sie nicht zu viel, dann werden Sie auch nicht enttäuscht werden!

Die Rolle des Allrounders

Manchmal verlangen wir von unseren Partnern auch einfach zu viel.

> *Wenn man nur wenig erwartet, kann die Erwartung am leichtesten übertroffen werden.*

Die Partnerin sollte am besten alles sein: Mutter, Krankenschwester, Seelentrösterin, Karrierefrau und heiße Geliebte. Der Partner sollte ebenfalls alle Erwartungen erfüllen: als Vater, Handwerker, Koch, Gesellschafter, Seelengefährte und natürlich als guter Liebhaber. Wir haben hier das Bild eines »Allrounders«, in der gegenständlichen Welt auch als »Gadget« bekannt. Es handelt sich dabei um multifunktionale Gegenstände oder Spielzeuge, wie beispielsweise ein Plastikelefant, der gleichzeitig Tacker und Locher ist. Nur beherrscht er keine der beiden Funktionen wirklich gut.

Mit diesen Vorstellungen überlasten wir unsere Beziehung und bereiten den Boden für eine herbe Enttäuschung. **Denn das Modell des Allrounders kommt bei Frauen wie bei Männern nur höchst selten vor.**

Wenn wir selbst diesem Anspruch nach allseitiger Perfektion gerecht werden wollen, setzen wir uns unter enormen Druck. In allen Bereichen und Lebenslagen perfekt zu sein, wird kaum gelingen. Allein der Versuch kostet unnötig Kraft und Energie und führt in den wenigsten Fällen zum Erfolg.

Überlasten wir uns also nicht selbst mit der Erwartung an Perfektion, sondern gestehen wir uns ein: »Heute bin ich mal keine überragende Köchin!« oder: »Heute bestellen wir uns mal eine Pizza. Ist zwar nicht so gesund wie meine Küche, aber dafür bin ich entlastet.«

Auch unseren Partner sollten wir nicht überfordern. Falls er keine sportlichen Ambitionen hat, muss er nicht unbedingt auch Ihr Sportpartner sein. Suchen Sie sich stattdessen einen Partner aus dem Freundeskreis, mit dem Sie Ihre Joggingrunden drehen. Billigen Sie dieses Recht auch Ihrem Partner oder Ihrer Partnerin zu. Damit entlasten Sie sich und den anderen enorm!

Träume sind Schäume

Gibt es etwas, was Sie an Ihrem momentanen Leben gerne verändern würden? Wir alle haben ja so allerhand Fantasien: Würden wir nicht gerne in einer Finca auf Mallorca leben? Nach Australien auswandern? Oder einfach aufs Land ziehen und ein altes Bauernhaus umbauen? Nur leider fehlen uns dazu die finanziellen Mittel und so hoffen wir auf einen Märchenprinzen oder einen Lottogewinn.

Anstatt das eigene Leben selbst in die Hand zu nehmen, es morgen gleich zu verändern, verbinden vor allem viele Frauen diesen Wunsch mit dem »Prinzen«, der in ihr Leben tritt und es verändert. Sicher kann so ein Prinz, der mit den entsprechenden finanziellen Mitteln gesegnet ist, hilfreich sein. Dieser Traum spukt noch heute in manchen Köpfen.

Selbst sehr emanzipierte Frauen träumen insgeheim noch diesen »Prinzentraum« und lassen andere, mögliche Partner, dafür links liegen. Männer träumen meist andere Träume, die weniger mit einer Prinzessin zu tun haben. Sie suchen eher eine Frau, die ihnen hilft, ihr Leben auf die Reihe zu kriegen, die ihnen ein Heim schafft, in dem sie sich umhegt und versorgt fühlen. Möglicherweise ist das ein Grund, warum laut einer Untersuchung auf der männlichen Wunschliste der Berufe ihrer Partnerin die Krankenschwester ganz weit oben steht.

Fast jeder von uns hat ab und zu diese Fantasien, kaum einer realisiert sie. Aber sehen wir den Tatsachen ins Auge: Prinzen sind so gut wie ausgestorben und nicht jede Frau ist eine Krankenschwester. **Es wird uns nichts anderes übrig bleiben, als unsere Träume selbst zu verwirklichen,** anstatt auf einen Retter zu hoffen. Vielleicht besitzt Ihr jetziger Partner bereits »Traum-Qualitäten«. Bestimmt möchte er Sie bei Ihren

Träumen unterstützen oder diese vielleicht zu seinen machen. Fragen Sie ihn doch mal nach seinen großen Plänen. Vielleicht decken die sich ja mit Ihren. Aber bleiben Sie realistisch. Wenn die Mittel für ein Märchenschloss nicht reichen, dann vielleicht für die Miete eines kleinen Hauses auf dem Lande.

Werden Sie Ihres Glückes Schmied

Machen Sie Ihr Glück nicht von irgendwelchen abstrusen Träumen abhängig. Nehmen Sie es selbst in die Hand! **Ein jeder ist für sein Glück selbst verantwortlich, nicht der momentane und auch nicht der zukünftige Partner ist dafür zuständig.** Mit dieser Anspruchshaltung überfordern wir andere Menschen maßlos und treiben sie sogar in die Flucht. Machen Sie sich selbst glücklich, dann müssen Sie das nicht vom anderen erwarten. Werden Sie sich Ihrer eigenen Wünsche bewusst. Dazu setzen sich am besten hin und schreiben auf, was Sie in den nächsten fünf Jahren erreichen wollen. Meist sind es die kleinen Dinge, wie ein besserer Job. Der erste Schritt dahin ist vielleicht ganz einfach: eine Fortbildung. Der zweite Schritt ist, zu recherchieren, wie und wo das möglich ist. Wenn Sie dann den dritten Schritt gehen und sich zu einem Seminar anmelden, sind Sie schon auf dem besten Weg in ein neues Leben. Und wenn Sie mit Ihrem Leben glücklicher sind, wird sich das auf Ihre Beziehung positiv auswirken. Dann brauchen Sie auch keinen Partner, der Ihnen die Wünsche von den Augen abliest, dann sind Sie in der glücklichen Lage, sich Ihre Wünsche selbst zu erfüllen.

Projektionen

Stellen Sie sich vor, wie im Kino der Film auf die Leinwand kommt: Der Projektor projiziert den Film auf eine weiße Leinwand, die dadurch überdeckt wird. Ähnlich übertragen wir manche unserer Wünsche (Film)

> *Nehmen Sie das wahr, was Sie sehen, und nicht das, was Sie gerne sehen würden oder was Sie befürchten.*

auf unseren Partner (Leinwand). Dabei sehen wir nur, was wir sehen wollen, da wir den Film in unserem Innern selbst gestalten und der Partner davon überdeckt wird.

Besonders geeignete Projektionsflächen sind stille Partner. Sie üben auf Frauen und Männer gleichermaßen große Anziehung aus, weil sich ihr Schweigen für Projektionen regelrecht anbietet. So interpretieren wir in ihre Wortlosigkeit Tiefe hinein, die es zu entdecken gilt, oder sehen darin ein Zeichen großer Verletzung, die es zu heilen gilt. In der Tat, eine »schweigsame Leinwand« bietet jede Menge Interpretationsfläche für Fantasien. In jeder noch so geringen Geste oder Handlung sehen wir dann unsere Annahmen bestätigt. Wir sehen die betreffende Person nicht als das, was sie ist, nämlich schweigsam, schüchtern oder introvertiert, sondern als das, was uns vorschwebt.

Also Vorsicht! **Verwechseln Sie nicht Ihre Wünsche mit der Realität.** Nehmen Sie das wahr, was Sie sehen, und nicht das, was Sie gerne sehen würden! Wenn er Ihnen einen Strauß Blumen schenkt, dann ist dies nicht mehr als ein Blumenstrauß. Sehen Sie darin mehr, etwa ein Zeichen von Schuldgefühlen, sind Sie möglicherweise Ihrer eigenen Projektion aufgesessen. Das heißt, falls Sie über die Blumen hinaus eine Information von ihm wünschen, sollten Sie ihn schon danach fragen.

Projektionen bedeuten, dass man in Tatsachen Bedeutungen hineininterpretiert. So kann man hinter einer banalen SMS eine Liebeserklärung vermuten und hinter einem nicht erfolgten Anruf ein Fremdgehen. Hüten Sie sich vor Projektionen! Diese sind reine Fantasie. Halten Sie sich an die Tatsachen und sagen Sie sich: »Tatsache ist, dass er nicht anruft. Punkt. Nicht mehr und nicht weniger.« Warum er wirklich nicht angerufen hat, erfahren Sie nur, wenn Sie später nachfragen.

Übertriebene Fürsorge

Aus Liebe lassen sich nicht nur Frauen zu vielem hinreißen: Sie machen Frühstück, bügeln Hemden, kochen, kopieren so nebenbei noch seine/ihre Unterlagen, wollen dem anderen das Leben schön machen. Auch hier ziehen sich häufig die Gegensätze an: Der eine gibt eher, der andere nimmt eher.

Beide Seiten haben es dabei nicht leicht: Wenn man zu sehr verwöhnt wird, wenn der andere einem ständig die Wünsche von den Augen abliest, fühlt man sich leicht bevormundet. Als wäre man nicht in der Lage, für sich selbst zu sorgen. Hinter der scheinbar »bedingungslosen Liebe« des Helfers steckt nicht selten ein Wunsch: Er oder sie will sich, meist unbewusst, unentbehrlich machen und dafür geliebt werden. Doch Fakt ist: Ungebetene Dienste nerven auf Dauer und untergraben die Selbstständigkeit des Partners. **Schön, wenn Sie helfen wollen, aber warten Sie lieber ab, bis Sie gebeten werden.** Stellen Sie so lange den unerwünschten Service ein und unterstützen Sie dadurch die Selbstständigkeit Ihres Partners. Ähnliches gilt auch für den Fall, dass Ihr Rundum-Service ausgenutzt wird und sich Ihr Partner nur allzu gern bedienen lässt. Auch dann soll-

In einer Partnerschaft müssen Geben und Nehmen ausgeglichen sein, damit sich beide wohlfühlen können.

ten Sie Ihre Dienste so lange ruhen lassen, bis geklärt ist, was der Partner im Gegenzug zu leisten gedenkt. Auf welchem Gebiet werden Sie von Ihrem Partner unterstützt? Fährt nur immer er beispielsweise zum Tanken, weil er genau weiß, wie ungern Sie das tun? Wenn Sie ihm dafür das Frühstück machen, ist alles im Lot. Eine Partnerschaft und Freundschaft muss im Sinne von Geben und Nehmen ausgeglichen sein, sodass sich beide Parteien wohlfühlen!

Großbaustellen

Das Phänomen ist schwer zu begreifen und doch so menschlich: Immer wieder verlieben sich Frauen und Männer in Partner, mit denen eine Beziehung von vornherein aussichtslos ist, oder lassen sich auf eine Beziehung mit ihnen ein. Aussichtslos deshalb, weil diese Menschen entweder bereits gebunden oder völlig bindungsunfähig sind. Doch gerade diese Aussichtslosigkeit scheint den

GROSSBAUSTELLEN

entscheidenden Reiz auszuüben: Frauen wie Männer scheinen der festen Überzeugung, dass ihre Liebe aus einem chronischen Fremdgänger einen treuen Ehemann machen wird oder dass sich eine Löwin quasi zur Vegetarierin bekehren lässt.

Hüten Sie sich vor diesen aussichtslosen Fällen! Wenn ein Ehemann verspricht, sich von seiner Ehefrau zu trennen, sollte er erst dann wiederkommen, wenn er tatsächlich geschieden ist. Die Geschichte ist voll von Geliebten, die über Jahre hinweg neben der Ehefrau ausharren und nach der Trennung plötzlich durch eine neue Geliebte ersetzt werden. Denn wenn ein Mann zum Fremdgehen neigt, können Sie sich von Anfang an ausmalen, was er machen wird, falls Sie mal von der Geliebten zur Ehefrau »aufsteigen«: Er wird sich wieder eine Geliebte nehmen und diesmal werden Sie die Betrogene sein. Darum Finger weg von untreuen Partnern! Verschwenden Sie

Ihre Zeit und Energie nicht an jemanden, der Sie nicht achtet und nicht unterstützt. Prüfen Sie Ihren Partner daraufhin und fordern Sie diese Wertschätzung von ihm ein.

Bedürftigkeit

Wer ständig die Nähe seines Partners sucht und sie nicht findet, trägt ständig ein defizitäres Gefühl mit sich herum. Dieses Defizit kann dazu führen, dass man für den anderen alles tut und sich somit abhängig macht. Das ist mit einer Sucht zu vergleichen: Die betreffende Person ist extrem hilfs- und anlehnungsbedürftig und kann schwer ohne den anderen existieren.

Wer bedürftig und abhängig ist, neigt dazu, sich an den Partner zu klammern. Wenn die Partnerin schlecht alleine einschlafen kann, mag das anfangs noch ganz reizvoll sein. Aber irgendwann fühlt sich der Partner in seiner Freiheit beschnitten und eingeengt. Wenn umgekehrt der Partner ohne sie nicht mal seine Socken in der Wohnung findet, dann mag ihr dies das Gefühl vermitteln, gebraucht zu werden. Doch über kurz oder lang wird sie sich ausgenutzt vorkommen.

Die Umklammerung lösen

Kennen Sie das? »Wenn mein Partner mich lieben würde, würde er sich für mich ändern.« Wer so denkt und dabei womöglich mit massivem Druck arbeitet (»Wenn du das und das nicht machst, dann verlasse ich dich …«), gefährdet seine Partnerschaft. Lösen Sie solche »Umklammerungen«, indem Sie Ihre Denkweise ändern. Vielleicht passiert dann etwas »Magisches« und Ihr Partner tut, was Sie sich erhofft haben!

Wer klammert, wirkt auf den Partner alles andere als attraktiv. Wer sich dem anderen aufdrängt, schlägt ihn quasi in die Flucht. **Jeder Mensch braucht Freiraum.** Wer das Gefühl hat, vom anderen erdrückt zu werden, wird ihn daher früher oder später verlassen. Sie wollen, dass Ihr Partner aus freien Stücken mit Ihnen zusammen ist? Dann lassen Sie ihm Luft zum Atmen, gönnen Sie ihm seinen Freiraum und lassen Sie ihn auch mal los! Er wird freiwillig zurückkommen.

Mehr Leichtigkeit in der Partnerschaft!

- Belasten Sie Ihre Liebe nicht durch Ihre kleinen alltäglichen Probleme, sondern versuchen Sie, tagtäglich mehr Leichtigkeit in Ihre Liebe zu bringen.
- Führen Sie Ihre Beziehung nicht wie einen Kampf, sondern mit Gelassenheit und Ruhe.
- Erwarten Sie nicht, dass Ihr Partner/Ihre Partnerin all Ihre Bedürfnisse befriedigt.
- Erwarten Sie nicht, dass Ihr Partner/Ihre Partnerin alles mit Ihnen teilt, vergnügen Sie sich auch mal mit Freunden und Freundinnen.
- Anstatt sich über Kleinigkeiten zu ärgern, treten Sie einen Schritt zur Seite und lachen Sie darüber!
- Nehmen Sie vieles mit Humor. Humor hat noch keiner Beziehung geschadet!
- Verkomplizieren Sie nicht einfache Sachverhalte. Machen Sie aus einer Mücke keinen Elefanten.
- Behalten Sie Ihren Wunsch nach Harmonie und Glück im Auge.
- Konstruieren Sie sich keine Probleme, wo keine sind!

Der Umgang mit Problemen

Wir schlagen uns mit allerlei Problemen herum, den wirklich großen und den alltäglichen kleinen. Meist verschwinden Letztere nach einer Weile von alleine. Wenn ich nicht weiß, was ich heute anziehen soll, ist das kein Problem, sondern nur eine momentane Entscheidungsschwäche: Sie hat sich nach wenigen Minuten erledigt, denn irgendetwas muss ich ja anziehen.

Probleme werden oft nur als Gesprächsstoff benutzt, als eine Art Smalltalk. Je länger man dann über dieses Thema diskutiert, desto mehr wächst es sich zum Problem aus. Ist der Genuss von Fleisch wirklich ungesund? Schädigen wir damit unsere Umwelt? Mit wachsendem Wissen können die Probleme zunehmen, wenn man sich darüber Gedanken macht und keine Lösung findet. Wobei für die einen daraus ein Problem entsteht, die anderen lässt dieses Thema eher kalt. Wir sind nicht für alle Probleme empfänglich. Jeder Mensch entscheidet selbst, was er zum Problem macht und was er lieber ausblendet.

Lösungsorientiertes Denken

»Frauen haben für jede Lösung ein Problem«, lautet die augenzwinkernde Beschreibung der weiblichen Fähigkeit zu dramatisieren und zu problematisieren. Fakt ist, dass Männer meist eine sehr viel nüchternere Sichtweise auf ein Problem haben, da sie kaum problemorientiert, sondern lösungsorientiert denken. Doch keine Regel ohne Ausnahme: Es gibt selbstverständlich auch lösungsorientierte Frauen und problemorientierte Männer.

Lösungsorientiert zu denken, bedeutet Lösungen für Probleme zu finden. Findet sich keine Lösung, ist es vielleicht auch kein Problem, sondern nur eine Tatsache, die sich nicht ändern lässt. Ein weiteres Thematisieren würde zu nichts führen, also kann man das Problem auch gleich ad acta legen.

Frauen tendieren eher dazu, mit ihren Freundinnen über diese Probleme lang und breit zu sprechen. Sie brauchen nicht unbedingt eine Lösung, sie brauchen das Gespräch. Das Problem, dass sich die Schwiegermutter beispielsweise in unsere Kindererziehung einmischt, kann ich vielleicht durch ein Gespräch mit ihr verändern. Dass sie ihre Ansichten deswegen nicht ändern will, kann für mich ein Problem sein. **Da ich aber an diesem Problem nichts ändern kann, muss ich es als eine Tatsache akzeptieren.** Daher brauche ich über dieses Problem eigentlich nicht noch länger nachzudenken, muss mich auch nicht darüber ärgern, sondern nehme es wie das Wetter einfach hin und verschwende keine Energien mehr darauf.

Wo liegt das Problem?

Probleme, auf die Sie gut und gern verzichten können, sind Probleme, die gar nicht Ihre eigenen sind. Ihr Partner ist reif genug, sich mit seinen Problemen selbst auseinanderzusetzen. Lassen Sie die Finger von seinen, solange er Sie nicht explizit um Hilfe bittet. Ihrem Partner ungebeten gute Ratschläge zu erteilen bedeutet, ihn klein zu machen, ihm seine Kompetenz abzusprechen. Dadurch schwächt man das Selbstwertgefühl des Partners und reißt die Macht an sich. Stellen Sie sich daher bei jedem Problem, das Ihnen begegnet, zwei Fragen:
1. Handelt es sich wirklich um ein Problem? Falls ja, wie lässt sich das Problem lösen?
2. Ist es mein Problem? Falls nein, Finger weg davon!

Nicht jedes Problem verlangt nach einer Lösung. Warten Sie einfach ab: Manche Dinge erledigen sich von selbst.

Gedankenpfade im Gehirn

Wenn zwei Menschen zusammenziehen, bringt jeder nicht nur etwas aus seiner alten Wohnung mit (etwa ein paar Dutzend Schuhe oder eine riesige Schallplattensammlung), sondern auch etwas aus seinem bisherigen Leben. Dazu gehören die Erfahrungen, die jeder Partner bislang gesammelt hat: die Freuden der Kindheit, die Mühen der Schulzeit, Probleme der Eltern, Erfahrungen aus dem sozialen Umfeld. Ebenso wie die Wohnungseinrichtung wird all das in einer Beziehung quasi »zusammengeworfen«. Auch alte Beziehungen spielen in die neue hinein. Nicht nur in der Wohnung ergibt sich so eine bunte Vielfalt, mitunter bis hin zum Chaos.

Jeder Mensch mit einer gewissen Lebenserfahrung trägt Altlasten mit sich herum. Die Frage ist, wie der Einzelne damit umgeht. Jede Erfahrung, die wir irgendwann gemacht haben, hat Spuren in unserem Gehirn hinterlassen. Sofern man diese Erfahrung in ähnlicher Weise mehrmals erlebt hat, bilden sich im Gehirn Synapsen, die wie eine Art »Trampelpfad« funktionieren. Hat beispielsweise ein Mann mehrmals die Erfahrung gemacht: »Wenn ich mich auf eine Frau einlasse, werde ich enttäuscht«, so wird er bei jeder neuen Frau, die er kennenlernt, unterbewusst automatisch diesen Schluss ziehen. Der im Gehirn angelegte Trampelpfad erlaubt somit erst mal keine Gedanken, die sich auf anderen Bahnen bewegen. Wir erwarten von jeder neuen Erfahrung, dass sie unsere alten Erfahrungen bestätigt, und kommen aus diesem Kreislauf kaum wieder heraus. »Ich habe immer Pech mit Männern« – diese frustrierende Erfahrung wird sich stets aufs Neue bestätigen, solange wir keine guten Erfahrungen mit Männern machen oder solange wir uns diese negativen Erfahrungen immer wieder ins Gedächtnis rufen. Wenn Sie neue Erfahrungen machen wollen, müssen Sie selbst in Ihrem Gehirn eine neue Spur anlegen.

LAST UND LIEBE

Ein neues Mantra

Da das Gehirn nicht zwischen visualisierten und gemachten Erfahrungen unterscheiden kann, können Sie nur durch neue Gedanken, die immer und immer wieder gedacht werden, eine neue Loipe in Ihrem Gehirn spuren. Darum achten Sie auf Ihre Gedanken! **Denken Sie das, was Sie zu erleben hoffen.** Malen Sie sich das Bild möglichst realistisch aus. Wenn der alte Gedanke auftaucht, sagen Sie sich selbst »Stopp!« und ersetzen Sie ihn durch ein neues Mantra oder ein neues Bild. Etwa so: »Ich bin es wert, geliebt zu werden!« Oder: »Es wird alles gut werden!«

Neue Erfahrungen zulassen

- Löschen Sie mit folgender Visualisierungsübung Ihre alten Bilder und Gedankenprogramme und ersetzen Sie sie durch neue.
- Stellen Sie sich mit allen Sinnen die Situation vor, wenn ein wundervoller Mensch in Ihr Leben tritt. Aus dem Schatten formt sich langsam ein Umriss und ein konkretes Bild: Es ist Ihr Partner. Halten Sie das wundervolle Gefühl fest, das Sie bei seinem Anblick haben. Sie spüren die Wärme der Sonne auf Ihrer Haut, es riecht plötzlich nach frisch gemähtem Gras und im Hintergrund zwitschern Vögel.
- Wenn Sie dieses Bild für sich schaffen, beteiligen Sie all Ihre Sinne daran. Wie fühlt es sich auf Ihrer Haut an, was riechen Sie, was hören Sie, was sehen Sie? Und vielleicht schmecken Sie ja auch etwas. Dieses Bild prägen Sie sich ein und holen es so oft wie möglich vor Ihr inneres Auge. Dadurch wird es in Ihrem Gehirn verankert und Sie öffnen sich für neue, positive Erfahrungen.

Beziehungskiller Eifersucht

Für manche Paare gehört Eifersucht zum tagtäglichen Drama, für andere ist sie so gut wie kein Thema. Fälschlicherweise glauben manche Eifersüchtige, dass ihre Emotionen ein Zeichen von besonders großer Liebe sind. In Wirklichkeit ist Eifersucht ein sicheres Zeichen von fehlendem Vertrauen und fehlgeleiteter Liebe. Verwandt mit der Eifersucht sind die Gefühle Missgunst und Neid, die ebenso destruktiver Natur sind. Man kann Eifersucht als eine Art Neid auf die Zuwendung Dritter betrachten. Lächelt dem Partner beispielsweise an der Bar eine andere zu, bewirkt die Eifersucht, dass man ihm diese Aufmerksamkeit missgönnt oder befürchtet, er könnte diese Person vorziehen.

Tatsächlich ist Eifersucht stark von der Angst bestimmt, den Partner zu verlieren. Daher werden auch noch so harmlose Situationen wie ein Lächeln oder ein Gespräch oft total überbewertet. Und schon entspinnt sich ein Drama.

Kaum eine andere Emotion kann sich derart zwischen zwei Menschen stellen und ihre Beziehung zerstören wie die Eifersucht. Die ständige Unterstellung, dass der Partner einen verlassen oder betrügen wolle, dass da »eine andere« oder »ein anderer« ist, wirkt wie Gift auf eine Beziehung. Die langfristigen emotionalen Schäden für eine Beziehung, die durch einen meist ungerechtfertigten Verdacht und das damit einhergehende Misstrauen entstehen, sind schwerwiegend. Das Vertrauen ist gestört, man lauert ständig auf eine Bestätigung seines Verdachts: Er oder sie betrügt mich. Man deutet die vermeintlichen Zeichen: Er kommt spät nach Hause, er bringt Blumen mit. Sie ist ungewöhnlich fröhlich, ist telefonisch nicht erreichbar. Den Erklärungen des Partners wird kaum mehr Glauben geschenkt. **Die Atmosphäre in der Beziehung verliert an Leichtigkeit. Ein ständiger Schatten lastet auf der Liebe.**

Die Eifersucht thematisieren

Um Eifersucht gar nicht erst aufkommen zu lassen, bedarf es klärender Gespräche schon von vornherein. In einer Beziehung muss klar sein, welche Art von Freiheiten jeder hat. Derjenige, der von Eifersucht geplagt wird, leidet. Dieses Gefühl ist oft Ergebnis mangelnden Selbstbewusstseins. Wenn man sich seiner selbst nicht ganz sicher ist und Zweifel an sich hat, zweifelt man leicht auch am Partner. Oder man glaubt, dem anderen nicht zu genügen. Aber auch derjenige, der unter Verdacht geraten ist, leidet, befindet er sich doch in ständiger Rechtfertigungsnot und fühlt sich zu Unrecht beschuldigt. Dem Eifersüchtigen geht es dabei nicht besser. Trotz aller Beteuerungen fühlt er sich belogen und betrogen, denn dieses quälende Gefühl lässt sich so leicht nicht ausschalten.

Versuchen Sie daher, aus diesem Teufelskreis von Misstrauen und Schuldzuweisung herauszukommen. Sagen Sie sich immer wieder: »Es ist alles in Ordnung, es ist nur ein Gefühl« und versuchen Sie sich auf andere, positive Gefühle zu konzentrieren. Unternehmen Sie etwas zusammen mit Ihrem Partner, stellen Sie Nähe her.

Machen Sie sich nicht ständig schon im Vorfeld Sorgen. Werden Sie erst dann eifersüchtig, wenn ein berechtigter Grund vorliegt. Es reicht dann immer noch, sich mit Ihrer Eifersucht auseinanderzusetzen. Schicken Sie die Eifersucht weg, indem Sie sich immer wieder sagen: »Liebe Eifersucht, solange ich keine eindeutigen Beweise habe, werde ich mich nicht mir dir abgeben!« Oder ersetzen Sie Ihr negatives Gefühl durch das Mantra: »Ich bin voller Vertrauen« oder »Ich bin voller Vertrauen und Liebe«.

Wenn Ihnen Ihre Eifersucht immer wieder diesen negativen »Kick« verpasst, dann suchen Sie sich einen gesunden Kick. Was lässt Ihr Adrenalin sonst noch ansteigen? Ein spannender Film? Eine riskante Sportart? Eine Achterbahnfahrt? Alles besser als das quälende Gefühl, betrogen und verlassen zu werden. Sollte auch das zu nichts führen, gibt es noch die Möglichkeit, sich psychologisch beraten zu lassen. Denn Eifersucht kann auch krankhaft werden, vor allem dann, wenn sie zum zentralen und alles dominierenden Thema in der Partnerschaft wird. Ist Eifersucht gerechtfertigt, wurde man tatsächlich betrogen, hat man (wenn auch sonst nichts) wenigstens Gewissheit. Was es natürlich nicht einfacher macht. Jetzt gilt es, mit dem Partner ein klärendes Gespräch zu suchen. War der Fehltritt wirklich nur ein einmaliger, kann Ihr Partner Ihnen das glaubhaft versichern, gilt es zu verzeihen, falls Sie die Beziehung aufrechterhalten wollen. War der Fehltritt dagegen beabsichtigt, um womöglich die Beziehung aufzulösen, brauchen Sie viel Kraft und die Hilfe von Angehörigen und Freunden, um die Zeit der Trennung gut zu überstehen.

Die Ursache wird meist im Außen gesucht

Alle Gefühle, so auch die Eifersucht, entstehen allein in uns selbst. **Der Auslöser für bestimmte Gefühle mag im Außen liegen, aber unsere Gedanken bestimmen, welche Gefühle wir hegen.** Also sollten wir alleine die Verantwortung für dieses Gefühl übernehmen und nicht die Ursache dafür beim Partner suchen. Mag sein, dass die Versuchung groß ist, sein Verhalten zu kontrollieren und womöglich jede Bewegung misstrauisch zu beobachten. Doch bringt uns das weiter?
Indizien für die Rechtfertigung unserer Eifersucht lauern überall: wenn der Partner mal nicht anruft oder den Blick auf einen anderen Menschen wirft. Wir sehen unsere Liebe überall und ständig bedroht, durch seinen Umgang, durch seine Freunde, durch andere Frauen. Eine innere Unruhe beschleicht uns und flüstert uns ein, wir könnten durch eine verstärkte Kontrolle unseres Partners

der Eifersucht Herr werden. Dabei übersehen wir, dass ein jeder von uns ein freier Mensch mit einem freien Willen ist. Weder den Menschen noch die Liebe können wir besitzen und kontrollieren. Und es gibt auch auf diesem Gebiet im Leben leider keine Sicherheit, es gibt nur Vertrauen. Also beenden Sie Ihre Kontrolle, sei es in Form von Kontrollanrufen oder gar durch Beschattung. **Leben Sie Ihr eigenes Leben, unternehmen Sie auch mal etwas alleine und vernachlässigen Sie Ihre Freunde nicht.** Das mindert das quälende Gefühl von Eifersucht.

Falle: Kontrollzwang

Wenn man mit dem Motto »Vertrauen ist gut, Kontrolle ist besser« aufgewachsen ist, hat man es mit dem Vertrauen etwas schwerer. Wir haben nicht alle Situationen im Griff. Wer seinem Partner nicht vertraut, wird ewig unruhig und gehetzt sein. Zu vertrauen, dass der andere auch mal ein paar Tage alleine verreisen kann, ohne gleich fremd zu gehen, darauf zu vertrauen, dass er die Wahrheit sagt, bedeutet, Kontrolle loszulassen. Es bedeutet, Zweifel loszulassen, Eifersucht loszulassen und nicht zuletzt in Kauf zu nehmen, dass es auch in der Liebe letztlich keine Sicherheit gibt.

Wer hingegen versucht, seinen Partner mit Druck oder gar Gewalt zu binden, wird es langfristig zu keiner glücklichen Beziehung bringen. Dramatische Szenen und ständige Kontrolle vertreiben den Partner eher und entfremden ihn. Die Basis für eine Beziehung und für die Liebe ist Freiwilligkeit, sonst sind sie nichts wert. Langfristig effektiver ist es, sich

> *Wer liebt, verzichtet auf Zwang und Kontrolle. Wahre Liebe kann nur auf Freiwilligkeit basieren.*

liebevoll zu verhalten, anstatt zu kontrollieren. Kontrolle zeugt von fehlendem Vertrauen.

Eine extreme Form der Kontrolle und inzwischen ein Straftatsbestand ist das sogenannte »Stalking«, eine schwere Belästigung oder Verfolgung einer Person. Wer davon betroffen ist – ob als Verfolgter oder Verfolger –, muss sich Hilfe von außen holen, denn von alleine kann kein Stalker so einfach seine Kontrolle aufgeben. Wer stalkt, braucht therapeutische Hilfe. Er muss mit professioneller Unterstützung lernen, sich der Sinnlosigkeit der Überwachung bewusst zu werden, muss lernen, Distanz zu wahren, dem anderen zu vertrauen und die Zeit sinnvoller damit zu verbringen, auch außerhalb der Beziehung glücklich zu werden.

Die Vergangenheit akzeptieren

Oft bezieht sich Eifersucht auf längst vergangene Beziehungen. Man ist eifersüchtig auf die oder den Ex und würde diese Erfahrung am liebsten aus dem Leben des Partners tilgen. Aber denken Sie daran: Wir haben alle unser Vorleben, es ist ein Teil von uns. Wir wären nicht der Mensch, der wir sind, ohne die gemachten Erfahrungen.

Doch die Vergangenheit ist nun einmal vorbei, konzentrieren wir uns auf die Gegenwart. **Akzeptieren wir die früheren Partner unseres Partners als Teil seiner Vergangenheit!** Damit lösen wir die Verbindung zu Vergangenem und machen den Weg frei für die jetzige Partnerschaft.

Die Angst vor dem Ex-Partner hat oft auch etwas mit einer eigenen früheren Beziehung zu tun. Hängen Sie emotional noch an ihm oder ihr? Würden Sie schwach und rückfällig werden, falls er oder sie wieder Interesse hätte?

Oft projizieren wir unsere eigene Ambivalenz auf unseren neuen Partner, der wirklich nichts für unsere schlechten Erfahrungen kann!

Den Selbstwert stärken

Geliebt zu werden ist ein erhebendes Gefühl. Wenn wir jedoch ein zu geringes Selbstwertgefühl haben, lässt es uns an allem und jedem zweifeln und flüstert uns ins Ohr: »Es kann doch gar nicht sein, dass ich von diesem tollen Menschen geliebt werde!« Zweifel und Angst machen sich breit und man tut alles, um diese Angst zu bestätigen. Nach dem Motto: »Ich verhalte mich so und tue alles, damit du mich verlässt!« sucht man über sein unmögliches Verhalten eine Bestätigung. Man bricht beispielsweise einen Streit vom Zaun oder verärgert den anderen absichtlich. Man provoziert bewusst eine negative Reaktion des Partners um wieder mal die Bestätigung zu erhalten: »Ich bin es nicht wert, geliebt zu werden, also liebt mich auch keiner.«

 ## Übung: Ich stärke meinen Selbstwert

Nehmen Sie sich eine ungestörte halbe Stunde Zeit. Legen Sie sich einen Stapel Papier und einen dicken Filzstift zurecht. Stellen Sie außerdem einen Korb vor sich.

Und nun überlegen Sie, was Sie bisher in Ihrem Leben geschafft haben. Jede vollbrachte Leistung schreiben Sie auf einen Zettel. Beispielsweise: »Ich habe mein Abitur bestanden.« »Ich habe unser Kind geboren.« »Ich habe den Umzug organisiert.« Es geht darum, dass Sie sich Ihrer großen wie kleinen Leistungen bewusst werden und diese jeweils auf einen eigenen Zettel schreiben. Den Zettel legen Sie dann im Korb ab.

Wichtig: Machen Sie sich selbst und Ihre Leistungen nicht klein! Werten Sie sich nicht selbst ab! Sammeln Sie einfach alles, was Sie mit mehr oder weniger Anstrengung in Ihrem Leben geleistet haben. Versuchen Sie auch scheinbar negative Erfahrungen positiv zu sehen: »Ich habe meine Scheidung verarbeitet« – ja, auch das ist eine Leistung!

Wenn Ihnen schließlich nichts mehr einfällt, beenden Sie die Übung. Halten Sie den Korb mit beiden Händen vor sich hin, atmen Sie tief ein und werden Sie sich Ihrer Leistungen bewusst. Atmen Sie langsam wieder aus. Speichern Sie in Ihrem Innern dieses Gefühl der Fülle.

Wenn Sie das nächste Mal in eine Diskussion mit Ihrem Partner gehen, stellen Sie sich vor, dass Sie diese Fülle mit sich tragen. So treten Sie mit Ihrem inneren Reichtum ihrem Partner nicht als Bittsteller oder Opfer entgegen und werden auch weit weniger fordernd sein. Vergessen Sie nicht: Wenn wir etwas fordern, verschließt sich das Herz unseres Gegenübers. Wenn wir etwas zu geben haben, öffnet es sich.

Kommunikation leicht gemacht

EGAL, WAS WIR TUN ODER NICHT TUN – WIR KOMMUNIZIEREN. Und das nicht nur, wenn wir miteinander diskutieren oder uns etwas ins Ohr flüstern. Auch wenn wir nicht sprechen, kommunizieren wir miteinander. Wir schauen einander vielsagend an, ziehen die Augenbrauen hoch, bewegen den Kopf, heben die Hände, teilen uns über unsere Mimik und Gestik mit. Wir bekunden mit einem Nicken Zustimmung, mit einem Schulterzucken Ratlosigkeit und versenden unzählige weitere Signale mit kleinen Gesten. Das bestätigt, was bereits der Kommunikationspsychologe Paul Watzlawick formuliert hat: »Man kann nicht nicht kommunizieren.«

Wenn wir verbal kommunizieren, gesellt sich zur Körpersprache das Wort hinzu. Worte haben Macht. Worte können zärtlich und tröstlich sein, sie können einen Menschen aber auch wie eine Faust treffen.

Wie auch immer die verbale Kommunikation abläuft, es gehören immer mindestens zwei dazu: der Sender und der Empfänger. Der Sender spricht, er sendet eine Nachricht, der Empfänger hört sie und fasst sie im Idealfall richtig auf. Ein Dialog hängt davon ab, was die beiden Gesprächspartner voneinander denken und halten, und von den Vorstellungen, die sie voneinander haben.

Kommunikation dient in einer Partnerschaft dazu, dass man sich über den gemeinsamen Sinn und Zweck der Beziehung verständigt. Daher ist es sinnvoll, gut zuzuhören und auf Vorträge und Belehrungen zu verzichten.

Kommunikation auf allen Ebenen

Ein klarer und konstruktiver Kommunikationsstil ist für eine Beziehung mehr als nur erstrebenswert. Er fördert Transparenz und Leichtigkeit in der Beziehung und wirkt im Konfliktfall klärend. Er kann viele Wege abkürzen, Beziehungen vereinfachen, Störendes enttarnen und Lösungen aufzeigen.

Dabei sollte man wissen: Frauen und Männer können Aussagen ganz unterschiedlich auffassen. Hier bietet sich jede Menge Raum für Interpretationsfehler und Missverständnisse, die sich nur durch einen guten und konstruktiven Kommunikationsstil auffangen lassen.

So tauschen wir untereinander sachliche Informationen aus, wie beispielsweise »Wir haben 20 Grad minus«. Auch »Ich friere und habe kalte Füße« kann eine Aussage auf der Sachebene sein. Es kommt immer darauf an, in welchem Zusammenhang ich das sage. Erzähle ich es meiner Freundin am Telefon oder sage ich es zu meinem Partner, wenn ich mich abends im Bett an ihn kuschle. Im Bett verbinde ich mit der sachlichen Aussage einen Wunsch, ich sage: »Ich friere« und meine damit: »Wärme mich!« In diesem Zusammenhang bewegt sich die Kommunikation nicht mehr auf der Sachebene, sondern auf der Beziehungs- oder Appellebene. Ich bezwecke mit meiner Feststellung etwas, indem ich an meinen Partner appelliere: »Bitte wärme mir die Füße!« Meistens versteht der Partner solch einfache Appelle richtig.

In einer Partnerschaft kommunizieren wir meistens auf der Beziehungsebene. Auf dieser Ebene sind wir besonders sensibel, auf dieser Ebene lauern auch Missverständnisse. Wenn sie sagt: »Es hat geklingelt«, kann sie das als sachliche Information meinen – sie will ihm nur die Tatsache mitteilen, dass es geklingelt hat – oder aber als Appell: »Bitte mach die Tür auf!« Er wiederum kann das auf der Sachebene als Information

Besser miteinander reden

Eine konstruktive Kommunikation sollte mehr loben und Positives verstärken, anstatt ständig zu kritisieren und zu korrigieren. Darum verlieren Sie bei der Kommunikation mit Ihrem Partner folgende Frage nicht aus den Augen: Bringt uns das Gespräch einander näher? Falls die Antwort nein lautet, sollten Sie das Gespräch abbrechen, es überdenken und es zu einem anderen Zeitpunkt fortsetzen. Das Thema läuft Ihnen nicht weg. Verlieren Sie ein wichtiges Ziel nicht aus den Augen: Ihr Gespräch sollte konstruktiv für Ihre Beziehung sein, es sollte Sie weiter- und einander näherbringen.

auffassen und ohne weitere Reaktion zur Kenntnis nehmen oder aber auf den Appellcharakter ihrer Aussage eingehen und antworten: »Ich mach schon auf!« Doch wenn sie will, dass er die Tür aufmacht, könnte sie eigentlich gleich sagen: »Es hat geklingelt, machst du bitte die Tür auf?« Beziehungen sind besonders anfällig für Missverständnisse aufgrund zweideutiger Kommunikation (siehe ab Seite 113). Kein Wunder, dass hinter Beziehungsproblemen oft ein Kommunikationsproblem steckt.

Körpersprache ist die älteste Sprache der Welt

Die älteste Art des Informationsaustausches ist die nonverbale Kommunikation – die Sprache des Körpers. Seit Urzeiten ist der Mensch darin geübt, sich an der Körpersprache seines Gegenübers zu orientieren. Er beobachtet an der Haltung des anderen, ob er Freund oder Feind gegenübersteht, oder liest an einer Kopfbewegung Zustimmung oder Ablehnung ab.

KOMMUNIKATION AUF ALLEN EBENEN

Die Wirkung körperlicher Signale ist fünfmal stärker als die von Worten. Laut Untersuchungen laufen 55 Prozent der Kommunikation auf nonverbale und nur 7 Prozent auf verbale Weise ab. Die restlichen 38 Prozent erreichen uns über die Stimme, das heißt, wir nehmen wahr, wie etwas gesagt wird, und achten auf den Tonfall. Viele kleine Bewegungen des Gegenübers – Gesten, Verhaltensweisen und feine Nuancen der Stimme – nehmen wir auch unbewusst wahr. Alle diese Signale werden rasend schnell aufgenommen und in der rechten Gehirnhälfte verarbeitet. In diesem Bereich des Gehirns sitzen auch die Intuition und das bildliche Verstehen. Das heißt wir verarbeiten die Art und Weise, wie etwas gesagt wird, schneller als das, was gesagt wird.
Ebenso schnell erfassen wir, wenn uns jemand zu nahe kommt. Wir

> *Die Signale des Körpers wirken fünfmal stärker als Worte.*

haben ein Gespür für den passenden Abstand. Nur wenige Menschen lassen wir bis auf zehn, zwanzig Zentimeter an uns herankommen. Am wohlsten fühlen wir uns im Gespräch, wenn wir einen Abstand von etwa einem Meter von unserem Gesprächspartner haben. Das ist der Fall, wenn wir uns beispielsweise an einem Tisch gegenübersitzen.
Je größer der Raum ist, den ein Mensch für sich beansprucht, desto größer auch die Macht, die er hat oder haben will. Untersuchungen zeigen, dass Männer gewöhnlich mehr Raum einnehmen als Frauen. So sieht man beispielsweise in der U-Bahn viele Männer breitbeinig dasitzen, während Frauen die Beine geschlossen halten und sich eher klein machen. In der gemeinsamen Wohnung zeigt sich die raumgreifende Tendenz dadurch, dass der eine mehr, der anderen weniger Dinge herumliegen hat. Dieses »Revierverhalten« ist Teil der Kommunikation. Hier möchte sich der eine auf Kosten des anderen mehr Raum und Macht verschaffen.

Der Körper sendet Signale

Die Körpersprache ist zum Großteil genetisch verankert, einiges wird auch erlernt. Körpersprache wird intuitiv und schneller verarbeitet als Worte. Sie dient dazu, menschliche Beziehungen zu regulieren. Wenn sich der Chef beispielsweise bei einer Besprechung erhebt und im Stehen weiterredet, will er dadurch seine Autorität unterstreichen. Für ein Gespräch zwischen Partnern ist es wichtig, dass sich beide auf der gleichen Ebene befinden. Also setzen Sie sich hin, wenn auch Ihr Gesprächspartner sitzt.

Jeder Mensch ist in der Lage, körpersprachliche Signale zu interpretieren. Mit ineinander verschränkten Armen zeigen wir unsere Abwehr. Werden außerdem die Beine übereinandergeschlagen, verstärkt das noch die Abwehrhaltung – keine gute Voraussetzung für ein offenes Gespräch. Wenn Sie Ihrem Gegenüber dagegen Ihre volle Aufmerksamkeit schenken wollen, dann öffnen Sie nicht nur Ihre Ohren, sondern auch Ihre Körperhaltung. Sie sitzen aufrecht, wenden sich ihm zu und haben die Arme geöffnet. Was der Mensch sagt, ist das eine. Worte können lügen. Doch wie er etwas sagt, entzieht sich häufig seiner Kontrolle. Der Körper ist ein schlechter Lügner. Wenn ein Mensch daher eine Lüge erzählt, passiert es nur allzu leicht, dass ihn sein Körper überführt. Lügen am Telefon werden lange nicht so schnell entlarvt. Wenn jemand lügt, können wir das unter anderem daran bemerken, dass er oder sie einem Augenkontakt ausweicht, auf den Boden schaut, sich die Nase reibt oder unsicher lächelt, auch wenn es nichts zu lächeln gibt. Woran wir es genau festmachen, können wir meist nicht ausdrücken. Jeder von uns hat hierbei sein eigenes Gespür entwickelt. Eheleute ahnen, wenn ihr Partner sie anschwindelt, Mütter merken es, wenn ihre Kinder flunkern, Führungskräften entgeht nicht, wenn sie im Meeting belogen werden, Fernsehzuschauer enttarnen die Lügen von Politikern und selbst Hundebesitzer bemerken, wenn ihr Vierbeiner etwas ausgefressen hat.

Woran genau wir es bemerken, können wir meist nicht beschreiben. Fakt ist, dass der Mensch in der Lage ist, die kleinsten körperlichen Signale, die der andere aussendet, aufzunehmen und meist unbewusst zu deuten. Hinzu kommt das, was wir gewöhnlich als Intuition beschreiben: ein Bauchgefühl oder eine Vorahnung, die uns signalisiert: »Hier stimmt irgendetwas nicht!«

Unsere Deutung der Körpersprache führt auch dazu, dass wir jemanden schon bei der ersten Begegnung innerhalb weniger Sekunden sympathisch oder unsympathisch finden. Diese erste Begegnung ist in den meisten Fällen ausschlaggebend dafür, ob es überhaupt zu einer zweiten Begegnung kommt, denn wie das Sprichwort sagt, für einen schlechten ersten Eindruck gibt es selten eine zweite Chance.

Lassen Sie Taten sprechen

Nicht nur der Körper, auch Taten sagen manchmal mehr als Worte. Wenn Sie Ihre Partnerin abends mit einem liebevoll gekochten Essen erwarten, wenn Sie Ihrem Partner morgens den Kaffee ans Bett bringen, drücken Sie dadurch ebenso Ihre Zuneigung aus wie durch Worte. Wer dagegen selbst kleine Wünsche seines Partners ignoriert, wer so gut wie gar nichts für den anderen tut, drückt eher seine Missachtung aus. **Lassen Sie daher Ihre Taten sprechen!** Handeln oder Nichthandeln sind insofern Teil der nonverbalen Kommunikation. Die Art und Weise, wie jemand einen Tisch deckt, kann vielerlei ausdrücken: Stellt er jeden Teller sorgfältig ab, legt das Besteck akkurat daneben und lässt sich ausgiebig Zeit, drückt seine Art und Weise Achtsamkeit oder sogar Freude aus. Macht er es hingegen lustlos, stellt die Teller einfach irgendwo hin, legt das Besteck unsortiert daneben, so spricht dieses Handeln eine Sprache der Missachtung oder sogar der Wut.

Wenn sich allerdings zu einer liebevollen Geste – etwa einem Schulterklopfen – eine wütende Äußerung gesellt, sich also Handlung und Worte widersprechen, so verwirrt das unsere Wahrnehmung. Wir wissen nicht mehr, wem wir mehr Glauben

Es ist nicht so wichtig, was man macht. Wichtiger ist, wie man es macht.

schenken sollen: der Handlung oder den Worten. Wir merken nur: Hier stimmt etwas nicht. In der Tat, die Situation ist inkongruent, das heißt widersprüchlich und nicht deckungsgleich. Bitten Sie in einem solchen Fall um Klärung.

Viele Männer neigen in ihrer Beziehung dazu, wenige Worte zu verlieren. Zumindest gilt das für die Zeit nach der erfolgreichen Werbung um eine Partnerin – in dieser Phase sind selbst wortkarge Männer verbal meist sehr aktiv. Danach aber lassen sie lieber Taten sprechen und drücken ihre Gefühle mehr durch ihr Verhalten aus. Dass er ihr beispielsweise beim Frühstück den Kaffee eingießt, kann ebenso ein Beweis für seine Liebe sein, wie wenn er ihr das mit Worten sagt. Überhaupt, dass er mit dieser Frau zusammenlebt, bedeutet doch, dass er sie liebt. Wozu braucht es da noch Worte!

Viele Frauen dagegen wollen es immer noch mal hören, dass der Partner sie liebt. Sie brauchen die verbale Bestätigung. Und da sich die Männer meist schwer tun, ihre Gefühle in Worte zu fassen, tut sich ein Konflikt auf. George Snell, Medizin-Nobelpreisträger 1980, erklärt das folgendermaßen: »Nur im weiblichen Gehirn bestehen unmittelbare neuronale Verbindungen zwischen Gefühls- und Sprachzentrum.« Eine mögliche Erklärung dafür, dass es Männern schwerfällt, ihre Gefühle auszudrücken.

Frauen reden anders – Männer auch

Dass Männer und Frauen unterschiedlich kommunizieren, ist hinreichend bekannt. Die nonverbale Kommunikation scheint dabei kein vorrangiges Problem zu sein. Aber auf der verbalen Ebene kommt es immer wieder zu Missverständnissen, die man mit einer gewissen »Fremdsprachenkenntnis« vermeiden kann, damit sie zu einem besseren Verständnis des Partners oder der Partnerin führen.

Für Frauen sind Gespräche ein Zeichen von Bindung und Intimität.
Untereinander kommunizieren sie auf gleicher Ebene. Man spricht hier von horizontaler Kommunikation. »Ich kann das nachvollziehen« oder »Ich verstehe nur zu gut, wie du dich fühlst« drückt ihr Mitgefühl und ihre Empathie aus. Sie wollen damit auch kundtun, dass jeder Gesprächspartner gleichberechtigt ist und sich alle auf gleicher Augenhöhe befinden. Ziel dieser Art von Kommunikation ist, dem Gegenüber Verständnis anzubieten und Gemeinsamkeiten mit ihm herzustellen, sowie durch ein Gespräch engere Beziehungen zu knüpfen.

Dass Frauen mehr reden als Männer, scheint außer Frage. Sie sind Meisterinnen im Smalltalk und zeigen damit ihre Verbundenheit und ihr Interesse an den anderen. Dabei ist zweitrangig, worüber gesprochen wird. Das Gespräch an sich ist für sie eine Art zwischenmenschliches »Schmiermittel«.

Männer kommunizieren eher von oben nach unten und umgekehrt; man nennt das vertikale Kommunikation. Besonders gut kann man das in einer reinen Männerrunde beobachten. Die Gesprächspartner konkurrieren miteinander und verstehen das Gespräch als eine Art Wettkampf, in dem sie ihre Position bestimmen und Hierarchien festlegen. Wer unten bleibt, hat verloren. Um als Sieger aus einem Gespräch herauszugehen, begeben sich Männer daher gern in Opposition und legen es darauf an, das letzte Wort zu haben.

Wie gesagt, die weibliche Botschaft »Ja, das kenne ich auch!« will gleiche Augenhöhe herstellen und Verständnis signalisieren. Das Dilemma dabei ist: Der Mann will konkurrieren und fühlt sich durch eine solche Aussage nicht genügend ernst genommen. »Nein, das kannst du nicht kennen, bei mir war das viel schlimmer!« wäre eine typisch vertikale Antwort, mit der er seine Position bestimmt.

Allein das Wissen um verschiedene Kommunikationsstile kann hilfreich sein, den Partner besser zu verstehen. Dann sind Männer auch in der Lage, an einem Gespräch auf gleicher Ebene teilzunehmen, ohne konkurrieren zu müssen. Und Frauen können erkennen, dass es jetzt nicht um ein Machtspiel geht, sondern nur um eine Technik männlicher Kommunikation. Sie können dann auch leicht die vertikale Kommunikationsebene verlassen, indem sie an einem bestimmten Punkt das Gespräch beenden.

Zwischen Harmonie und Wettkampf

Wenn Frauen mit Frauen oder in einem Team reden, versuchen sie einen Konsens herzustellen, möglichst für alle Beteiligten einen Kompromiss zu finden. Das mag eine Weile dauern, doch in der Regel funktio-

niert es, da alle das gleiche Ziel haben: Harmonie und Einigkeit.
Wenn Männer mit ihren Kumpels reden, dient eine Diskussion der Positionsbestimmung. Irgendwann sagt einer, was zu tun ist und die anderen tun es. Auch das kann eine Weile dauern, da jeder im Gespräch seinen Status verbessern oder wenigstens erhalten will. In weiblichen Ohren hören sich solche Gespräche manchmal etwas hart an und frau denkt, sie seien jetzt auf ewige Zeit zerstritten. Männer unter sich verstehen sich nach kurzer Zeit schon wieder, weil in stiller Übereinkunft einer die Führung der Gruppe übernimmt. Lange Diskussionen über das weitere Vorgehen erübrigen sich damit.
In einer Partnerschaft ist es jedoch keine Lösung, nur um des lieben Beziehungsfriedens willen der einen oder anderen Kommunikationsform den Vortritt zu lassen. Wenn sich starke Frauen künstlich »klein« machen, um dem männlichen Kommunikationsstil entsprechend dem Mann die Überlegenheit zu lassen, ist das ebenso lächerlich, wie wenn Männer immer nur die Meinung ihrer Frauen teilen um horizontal und somit harmonisch zu kommunizieren. Wenn beide Partner ein gesundes Selbstwertgefühl besitzen, sollten sie in der Lage sein, im Sinne einer gleichberechtigten Partnerschaft einen eigenen Kommunikationsweg zu finden. **Ein harmonisches Gespräch ist weniger anstrengend als ein verbaler Wettkampf.** Letzterer hingegen kann durchaus Lebendigkeit in eine Beziehung bringen. Wenn man Gespräche unter den beiden Aspekten vertikal und horizontal beobachtet, kann man viel über sein Gegenüber lernen. Längst werden in Kommunikationsseminaren beide Techniken vermittelt. Denn im

Ein harmonisches Gespräch schafft Ruhe, ein verbaler Wettkampf kostet Kraft.

Berufsleben, in gemischten Teams, kommt man mit der nur männlichen oder nur weiblichen Art der Kommunikation nicht viel weiter.

Was die Kommunikation mit Männern wesentlich erleichtert, ist ihre Direktheit: Sie meinen gewöhnlich, was sie sagen. Frauen diskutieren eher indirekt, sind diplomatischer, tendieren zu Umschreibungen in der Art: »Man könnte das auch so und so sehen«, weil sie ihre Gesprächspartner nicht vor den Kopf stoßen wollen. Wenn beide zusammen im Kino waren, wird er eher äußern: »Der Film war schlecht«, während ihr Urteil eher so ausfällt: »Na ja, so richtig toll war der nicht, ich habe schon bessere gesehen.«

Auch in der Öffentlichkeit können Männer und Frauen verschieden kommunizieren. Untersuchungen zeigen, dass die meisten Männer dort mehr reden als zu Hause. Das Reden vor Publikum ist Teil ihrer Selbstdarstellung, während die meisten Frauen vor Publikum weniger reden als im privaten Rahmen.

Frauen besprechen Probleme – Männer suchen Lösungen

In einer Beziehung sollten beide Partner das Ziel haben, friedlich und konstruktiv miteinander zu kommunizieren. Doch in der Praxis funktioniert das leider nicht immer so reibungslos. Schließlich verfolgt jeder seine eigenen Interessen und versucht diese manchmal auch gegen die Interessen seines Partners durchzusetzen.

Jeder arbeitet auch mit seinen ganz eigenen Mitteln: Frauen machen Vorschläge und sind offen für die Vorschläge anderer. Ihr Ziel ist meist mehr Intimität und eine festere Bindung. Dabei kommunizieren sie das nicht immer direkt, sie denken gerne laut und entwickeln ihre Gedanken beim Reden. **Um ein Problem zu lösen, müssen sie darüber reden; das ist für sie schon der halbe Weg zur Lösung.** Sie suchen im Reden auch Bestätigung und Anteilnahme ihres Partners.

Männer denken lösungsorientiert. Hat die Partnerin ein Problem, helfen sie gern. Sie haben auch, auf ihre pragmatische Art, meist schnell eine Lösung zur Hand und erwarten, dass die Partnerin die Lösung annimmt und das Problem damit vom Tisch ist. Setzt sie jedoch die Lösung nicht um, ist der Mann verunsichert.
Ein Beispiel: Die Partnerin hat sich mit ihrer Mutter zerstritten. Die Mutter hat ihr vor einiger Zeit 100 Euro geliehen und möchte ihr Geld zurück. Für ihn ist das kein Problem. Sie kann doch zu ihrer Mutter gehen, ihr das Geld auf den Tisch legen, sich bedanken und wieder gehen. Ihr scheint diese Lösung nicht so ganz zu gefallen, denn sie äußert Einwände: »Meiner Mutter geht es gar nicht ums Geld. Sie will nur, dass ich zu ihr komme. Und dann wirft sie mir wieder vor, dass ich sie so selten besuche …« Das versteht er wiederum nicht. Für ihn ist das Problem gelöst. Sie jedoch ist sich sicher, dass die Probleme mit ihrer Mutter tiefer liegen.

Männer müssen verstehen, dass Frauen ihre Probleme gern besprechen und dann alleine lösen oder beiseite legen wollen. Für Anregungen sind sie durchaus offen, aber sie wollen ihren eigenen Weg gehen. Also geben Sie Ihrer Partnerin Anregungen und geben Sie ihr zu verstehen, dass sie jederzeit mit Ihrer Unterstützung rechnen kann.

Frauen müssen verstehen, dass für Männer viele Probleme pragmatisch und offenbar leicht zu lösen sind. Vielleicht sollten Sie es einfach mal auf diese Art versuchen. Männer sind nicht weniger sensibel oder verständnisvoll, nur weil sie Lösungen direkter anpeilen und nicht ewig über Probleme reden wollen. Männer lösen ihre Probleme auch gerne alleine. Wissen ist für sie Macht und wer den Weg nicht findet, ist machtlos. So geben sich viele Männer ungern die Blöße, andere nach dem Weg zu fragen. Wenn sie sich in einer Stadt verfahren haben, versuchen Sie den Weg selbst zu finden, auch wenn sie dadurch sinnlose

 Probleme loslassen

Wenn man immer wieder über ein Problem redet, das sich nicht lösen lässt, wird das Problem immer größer und nimmt mit jedem Gespräch an Bedeutung zu. Angenommen, der Mann fährt gerne Motorrad. Für ihn ist es ein wichtiges Hobby, für sie aber ein Problem, da sie sich immer große Sorgen um ihn macht. Je mehr sie auf ihn einredet, desto mehr blockt er ab. Da nur sie das Problem hat, muss sie es für sich lösen.

- Der erste Schritt ist, es als eine Tatsache zu sehen die es zu akzeptieren gilt: »Es gefällt mir zwar nicht, aber ich kann es nicht ändern.«
- Der zweite Schritt wäre, sich zu entscheiden, weniger oft daran zu denken: »So, jetzt ist es genug, jetzt denke ich an etwas anderes.« Natürlich kommen anfangs die sorgenvollen Gedanken immer wieder, man muss sie erst gegen neue, positive Gedanken austauschen. Anstatt »Was da nicht alles passieren kann!« könnte es ein vertrauensvoller Gedanke sein: »Er fährt gut und sicher.« Es mag eine Zeit lang dauern, bis sich das Problem durch positive Gedanken ersetzen lässt, aber es funktioniert.
- Verstärken lässt sich der positive Gedanke durch eine positive Visualisierung: Man stellt sich vor, wie man sich auf ihn freut und ihn liebevoll begrüßt, wenn er glücklich nach Hause kommt.
- Man kann sich jedes Problem auch als einen roten Luftballon vorstellen. Er ist mit Lachgas gefüllt, man kann ihn also in Gedanken steigen lassen. Immer wenn das Problem wieder auftaucht, kann man den roten Luftballon visualisieren, der schon längst in anderen Sphären schwebt. Probieren Sie es aus!

Umwege in Kauf nehmen. Die meisten Frauen hingegen würden in der gleichen Situation nicht zögern, einen Passanten nach der gesuchten Straße zu fragen.

Respektvoll miteinander umgehen

Es ist gar nicht so kompliziert, ein vernünftiges und sinnvolles Gespräch mit seinem Partner zu führen, ohne dass es gleich zu Vorwürfen oder Streitereien kommt. Wenn Sie dem Partner oder der Partnerin gegenüber freundlich auftreten, ist das schon einmal eine günstige Voraussetzung für ein konstruktives Gespräch.
Konstruktiv bedeutet, dass man den Partner im Gespräch respektiert. Dazu gehört auch, dass man klar und freundlich redet und Jammern, Nörgeln und Schreien vermeidet.
Behandeln Sie Ihren Partner so, wie Sie selbst auch gerne behandelt werden wollen. Bauen Sie ihn im Gespräch auf. Hören Sie gut zu und geben Sie zwischendurch ein positives Feedback: »Das ist wirklich eine gute Idee …« Wenn Ihnen etwas nicht klar ist, fragen Sie nach: »Habe ich dich richtig verstanden …?« Falls Kritik angebracht ist, sollte diese aufbauend sein: »Bitte überdenke das noch mal …«. Von Vorteil ist auch, das Ziel des Gesprächs zu klären, damit sich der Gesprächspartner darauf einstellen kann.
Selbstredend, dass man versucht, einen destruktiven Kommunikationsstil zu vermeiden. Bei Übertreibungen, Schuldzuweisungen und Vorwürfen, Lügen und Ausreden wird sich Ihr Partner zurückziehen – und damit ist keinem Gespräch gedient. Belehrungen wie: »An deiner Stelle würde ich …« können den anderen abwerten oder beschämen und bringen das Gespräch nicht weiter, da der Gesprächspartner dann in Abwehrhaltung geht.
Wenn Sie dagegen humorvoll mit dem Problem und liebevoll mit Ihrem Partner umgehen und seine

 **Streit vermeiden – vernünftig reden**

Verlieren Sie das Ziel nicht aus den Augen: Ein Gespräch soll nicht trennen, sondern Nähe schaffen.
- Sprechen Sie ruhig und freundlich miteinander!
- Signalisieren Sie durch Ihre Körpersprache Offenheit.
- Hören Sie interessiert und aufmerksam zu und fragen Sie im Zweifel nochmals nach.
- Nehmen Sie Ihren Gesprächspartner ernst.
- Geben Sie Ihrem Gesprächspartner ein Feedback.
- Drücken Sie Ihre Gefühle aus, ohne zu jammern.

Gefühle achten, schaffen Sie eine positive Gesprächsatmosphäre. **Lassen Sie auch Einwände zu und beharren Sie nicht stur auf Ihrem Standpunkt.** So finden Sie sicher eine gemeinsame Lösung, die Ihrer Partnerschaft dienen kann.

Einfühlung in den anderen

Dass man mit dem anderen so umgehen sollte, wie man es auch von ihm erwartet, ist eine alte Weisheit. Aber manchmal scheinen die banalsten Regeln zwischenmenschlichen Miteinanders vergessen zu sein – angefangen bei der Höflichkeit, dass man sich entschuldigt, wenn man jemanden anrempelt, bis hin zu den kleinen Wörtern »bitte« und »danke«.

Auch in Beziehungen nimmt man leider vieles als selbstverständlich: dass er schon mal ein Glas Wein mitbestellt hat, dass sie an seine Lieblingspralinen gedacht hat. Gerade hier sollte man das Danken, auch für Kleinigkeiten, nicht vergessen.

Danken bringt Achtung dem anderen Gegenüber zum Ausdruck, genauso wie ein Lob oder ein ehrlich gemeintes Kompliment.

Ein respektvolles Miteinander sollte in allen Bereichen menschlichen Lebens selbstverständlich sein. Man nennt das soziale und emotionale Kompetenz. Sich vorzustellen, was sich der andere jetzt gerade wünschen, was ihm guttun würde, sich in die andere Person hineinversetzen, sich zu fragen, was sie gerade braucht, ist nicht nur im Berufsleben, sondern noch viel mehr im Privatleben wichtig. Wenn ein Kunde schlecht gelaunt zur Tür hereinkommt, spricht man ihn besonders nett an und fragt ihn nach seinen Wünschen. Wenn die Ehefrau nach einem langen Winterspaziergang mit dem Hund durchfroren nach Hause kommt, freut sie sich sicher darüber, dass er ihr das Wasser in die Badewanne einlässt. Es sind solche kleinen Aufmerksamkeiten, die zählen. Schauen Sie Ihren Partner, Ihre Partnerin an und fragen Sie sich, wie Sie ihm oder ihr etwas Gutes tun könnten. Falls Ihnen nichts einfällt, fragen Sie! Also: »Schatz, was kann ich dir jetzt Gutes tun?«

Mehr Feingefühl in der Öffentlichkeit

Keiner mag es, vor anderen kritisiert zu werden. Gerade in der Öffentlichkeit, im Restaurant oder bei Freunden reagieren sowohl Männer als auch Frauen empört und abwehrend, wenn sie von ihrem Partnern zurechtgewiesen werden. Auch kleine Belehrungen, wie zum Beispiel über die richtige Handhabung eines Weinglases, können sehr peinlich

> *Jeder Mensch möchte geliebt, geachtet und anerkannt werden. Schenken Sie Ihrem Partner diese liebevolle Aufmerksamkeit!*

sein. Man möchte am liebsten im Boden versinken, fühlt sich klein und abgewertet. Man schämt sich in den meisten Fällen weniger für das eigene, vielleicht verbesserungswürdige Benehmen als für die unangebrachte Kritik des Partners.

Wenn dann die Umgebung noch zum Schiedsrichter gemacht wird, die Freunde mit in die Auseinandersetzung einbezogen werden, wird es gänzlich unangenehm. Die Stimmung in der gesamten Gesellschaft kann sich trüben, die Freunde fühlen sich peinlich berührt und nicht nur die Beziehung erleidet dadurch erheblichen Schaden.

Auseinandersetzungen zwischen Partnern, ob große oder kleine Streitereien, gehören daher in die eigenen vier Wände und sollten dort ohne Publikum ausgetragen werden.

Aufmerksamkeit schenken

Neben Rücksichtnahme gehört auch Aufmerksamkeit zur sozialen Kompetenz. Es stört schon die Mitreisenden in der Bahn, wenn jemand laut mit dem Handy telefoniert. Genauso unhöflich ist es, das Handy im Restaurant nicht auszuschalten. Denn zur Höflichkeit gehört, dass man dem anderen voll und ganz seine Aufmerksamkeit widmet. Dass das Handy während eines gemeinsamen Essens ausgeschaltet bleibt, sollte daher selbstverständlich sein.

Soziale Kompetenz ist auch im Geschäftsleben von Bedeutung. Es hat sich längst herumgesprochen, dass Fachwissen alleine, ohne die sogenannten »weichen Fähigkeiten« (Soft Skills) nicht zum Erfolg führen kann. Soziale und emotionale Kom-

»Soft Skills« sind nicht nur im Berufsleben von Bedeutung, sondern noch viel mehr in der Partnerschaft.

petenz sind im Umgang miteinander unumgänglich! So wirkt es sich positiv aufs Geschäft aus, wenn man dem Kunden eine angenehme Atmosphäre bietet. Wenn beispielsweise ein Kunde eine weite Anreise hatte, bieten Sie ihm sicher einen Stuhl und etwas zu trinken an. In einem langen Meeting werden Sie außerdem für eine gute Bewirtung sorgen. Und am nächsten Tag werden Sie sich per E-Mail bei Ihrem Kunden für sein Kommen bedanken.

Behandeln Sie doch auch Ihren Partner oder Ihre Partnerin wie Ihren besten Kunden! Lassen Sie ihn oder sie abends auf dem Sofa entspannen und bringen Sie ihm oder ihr ein Lieblingsgetränk. Erkundigen Sie sich nach seinen oder ihren momentanen Wünschen. Und jetzt sagen Sie nicht: »Aber der andere macht das doch auch nicht für mich!« Vielleicht noch nicht! Doch wenn Sie den Anfang machen – wer weiß, vielleicht zieht Ihr Partner dann bald mit!

Liebevoll miteinander umgehen

Kommunikation zwischen Partnern findet immer auf der Gefühlsebene statt und sollte daher liebevoll sein. Dazu gehört der respektvolle Umgang miteinander genauso wie der Austausch von liebevollen Gesten und netten Worten. Haben Sie heute Ihrem Partner schon etwas Liebevolles gesagt, beispielsweise einen Satz wie:

- Ich liebe dich.
- Wegen … tut es mir leid.
- Ich danke dir für …
- Schön, dass du …
- Es macht mich glücklich, dich zu sehen.
- Es ist schön, deine Stimme zu hören.
- Ich habe mich den ganzen Tag auf dich gefreut.

Es gibt keinen Grund, nicht sofort damit zu beginnen. Es können Worte des Dankes, der Liebe, der Entschuldigung genauso sein wie ein aufrichtig gemeintes Kompliment.

Die Kunst, richtig zu fragen

Manche Menschen, insbesondere Frauen, neigen dazu, über Fragen einen Zugang zu ihren Mitmenschen zu suchen, um sich Bestätigung, Feedback oder Anerkennung von ihnen zu holen. **In Beziehungen können selbst harmlose Fragen zu Reibereien führen.** Sie fragt beispielsweise: »An was denkst du gerade?« Er sitzt in aller Ruhe auf dem Sofa und antwortet: »An nichts.« Sie bohrt weiter: »Wie kann man an nichts denken! An irgendetwas wirst du doch gedacht haben!« Er wiederholt nur: »An nichts.« Wenn sie klug ist und keinen Streit provozieren will, belässt sie es dabei. Sie wollte ja auch keinen Streit anfangen, sondern einfach nur ein Gespräch mit ihm beginnen. Es war nur leider falsch, das mit einer Frage zu versuchen. Ein weiterer Klassiker ist die Frage, die in den meisten Fällen von Frauen gestellt wird: »Liebst du mich eigentlich noch?« Bereits die Formulierung lässt erkennen: Sie scheint an seiner Liebe zu zweifeln oder in der Beziehung unzufrieden zu sein. Die Frage kann man sogar als Unterstellung verstehen: »Du liebst mich nicht mehr.« Was aber lässt sie an seiner Liebe zweifeln? Besser, sie würde das klar zum Ausdruck bringen. Beispielsweise so: »Ich habe mich gestern bei der Party überhaupt nicht beachtet gefühlt, du hast dich nur mit den anderen unterhalten. Ich hatte das Gefühl, als wäre ich Luft für dich. Das hat mich verletzt.«

Fragen Sie sich selbst

Bevor Sie Ihrem Partner eine Frage stellen, fragen Sie sich bitte erst einmal selbst:
- Was will ich wirklich wissen?
- Will ich überhaupt eine Antwort?
- Interessiert mich die Antwort oder will ich nur meine Meinung bestätigt sehen?
- Bin ich einer ehrlichen Antwort gewachsen?
- Was ändert sich in meinem Leben, wenn ich die Antwort weiß?

Wenn Sie vorab über diese Punkte nachdenken, erübrigen sich viele Fragen von selbst!

Ebenso unbefriedigende Antworten bietet das Fragewort »warum«. Er fragt beispielsweise: »Warum hast du zwei offene Milchtüten im Kühlschrank stehen?« Sie sieht kurz von ihrer Zeitung auf und sagt: »Keine Ahnung!« Diese Antwort verärgert ihn, er bricht einen Streit vom Zaun und das Frühstück ist ruiniert. Sie weiß wirklich nicht mehr, warum sie zwei Milchtüten aufgemacht hat, und es interessiert sie auch nicht. Geschehen ist geschehen. Auch er interessiert sich wahrscheinlich wenig für den Grund. Er wollte lediglich sein Missfallen ausdrücken. Das hätte er mit einem Aussagesatz allerdings besser formuliert: »Ich finde es nicht gut, dass wir zwei offene Milchtüten im Kühlschrank haben.« Hier ist der beste Weg, um Konflikte zu vermeiden: Stellen Sie nicht unbedingt Fragen als Einstieg in ein Gespräch. Überdenken Sie Ihre Frage, vielleicht wollen Sie ja eher etwas mitteilen. Und nicht zuletzt: **Hüten Sie sich vor Fragen, deren Antwort Sie vielleicht nicht hören wollen.**

Offene und geschlossene Fragen

Wenn Sie genau wissen, was Sie mit Ihrer Frage bezwecken wollen, dann achten Sie darauf, sie auch richtig zu formulieren. Denn oft ist man mit der Antwort unzufrieden und stellt nachträglich fest: Es lag an der Frage selbst. Sie wollen nur ein einfaches Ja oder Nein als Antwort hören? Dann fahren Sie gut mit sogenannten geschlossenen Fragen wie: »Hast du heute Abend Zeit?« – »Schmeckt dir das Essen?« Als Antwort erhalten Sie dann in der Regel ein klares Ja oder Nein. Geschlossene Fragen, die sich mit Ja oder Nein oder mit einem Satz beantworten lassen, führen umgehend zu einer Antwort.
Will man jedoch erreichen, dass der andere im Gespräch mehr aus sich herausgeht, eignen sich offene Frage wie diese: »Was gefällt dir hier am besten?« Wenn man an einem persönlichen Austausch interessiert ist, sollte man, bevor man die Frage stellt, etwas von sich preisgeben.

Gezielte Fragen und klare Ansagen

Wenn Sie präzise Antworten erwarten, müssen Sie vorher präzise Fragen stellen:
- Geschlossene Fragen sind solche, die nur mit ja oder nein beantwortet werden können und deshalb wenig Information liefern: **»Hast du schon gegessen?«**
- Offene Fragen (Wer? Wie? Was? Wann?) bringen mehr Information: **»Was hast du gegessen?«**
- Warum-Fragen sind dagegen mit Vorsicht zu gebrauchen, denn sie verursachen häufig Verwirrung oder Streit: **»Warum hast du mir dann keine Pizza mitgebracht?«**
- Stattdessen helfen klare Ansagen, die auch über das Wer, Wie, Was, Wann, Wo Auskunft geben: **»Wenn du das nächste Mal wieder essen gehst, ruf mich doch bitte an und frag mich, ob du mir eine Pizza mitbringen sollst!«**

»Also, ich fand die Metallskulptur großartig. Was hat dir in der Ausstellung am besten gefallen?« Diese Fragetechnik lässt dem Gesprächspartner mehrere Möglichkeiten: Er kann in einem Wort oder einem Satz antworten. Und Sie als Fragesteller bekommen die Information, die Sie haben wollen.

Dramen und Machtspiele erfolgreich umgehen

In manchen Beziehungen entwickelt sich aus einer belanglosen Streiterei schnell ein Drama. Das kann am Morgen mit einer nicht zugeschraubten Zahnpasta-Tube anfangen und abends mit dem Streit ums TV-Programm enden. Auffällig ist die Ernsthaftigkeit, mit der diese Kämpfe geführt werden.

Er oder sie wird kritisiert, weil die Wäsche nicht ordentlich zusammengelegt, die Kaffeemaschine nicht ausgemacht, das Werkzeug nicht ordentlich verstaut ist. Die Gründe sind austauschbar. Es geht dabei nie um die Sache an sich! Vordergründig werden Lappalien kritisiert. Dahinter verbirgt sich aber weitaus mehr: Einer will gewinnen, will seinen Status erhöhen. Die Frage ist nur: Wer gewinnt, wer hat das letzte Wort und wer muss klein beigeben? Für eine Beziehung ist diese Art der Auseinandersetzung zerstörerisch. Scheinbar geht es ja nur um Kleinigkeiten, deshalb werden solche Reibereien oft nicht ernst genommen. **Aber langfristig wirken sich die ständigen Machtspiele ermüdend und kräftezehrend auf beide Beteiligten aus.**

Worum es wirklich geht, bleibt oft ungeklärt. Meist fühlt sich ein Part-

> *Bevor Sie sich streiten, sagen Sie »Stopp!« und nehmen Sie sich Zeit zum Nachdenken.*

ner in der Beziehung unterlegen, vielleicht ungerecht behandelt oder nicht genug beachtet. Anstatt diesen Punkt zu thematisieren, werden die Spannungen in der Beziehung über Lappalien abreagiert.

Mancher Partner ist auch genervt, wenn er Nörgeleien und Kritik einstecken muss oder das Gefühl hat, dass er es seinem Gegenüber nicht recht machen kann. Ruft der Mann beispielsweise nicht an, ist sie enttäuscht oder genervt, ruft er dagegen zu oft an, fühlt sie sich von ihm kontrolliert. Konfliktpotential scheint überall zu lauern.

Mag sein, dass es diesen »dramatischen Beziehungen« an Abwechslung fehlt. Mangelt es den Partnern an gemeinsamen Erlebnissen und Aktivitäten oder schlicht und einfach an Gesprächsstoff, suchen sie sich eben Ersatzthemen. Und schnell sind sie bei den Lappalien des Alltags angelangt: bei der schimmeligen Wurst oder der abgelaufenen Milch im Kühlschrank.

Dramen und Machtkämpfe schaden einer Beziehung, sie kosten Nerven und sind für beide Beteiligten kräftezehrend. Daher ist es wichtig, hinter den wahren Grund zu kommen. Die Frage: »Was stimmt in unserer Beziehung nicht, dass wir uns ständig über Unwichtiges streiten?« muss jedes Paar für sich beantworten. Dazu bedarf es ruhiger Gespräche mit dem Ziel, gemeinsam das wirkliche Problem zu finden und zu einer Lösung zu kommen.

Gleiche Augenhöhe herstellen

Im Idealfall begegnen sich in einer Beziehung beide Partner auf gleicher Augenhöhe. Die Grundvoraussetzung dazu ist eine innere Haltung,

 Erkennen Sie Machtspiele

	Ja	Nein
Versucht Ihr Gesprächspartner immer »oben noch eins draufzulegen«?	○	○
Legen Sie Ihrem Gesprächspartner immer »oben noch eins drauf«?	○	○
Fühlen Sie sich ungerecht behandelt und/oder unterdrückt?	○	○
Fühlt sich Ihr Partner, Ihre Partnerin ungerecht behandelt und/oder unterdrückt?	○	○
Streiten Sie sich fast täglich wegen absoluter Lappalien?	○	○
Können Sie Ihrem Partner nichts recht machen?	○	○
Kann er Ihnen nichts recht machen?	○	○

Falls Sie mindestens zweimal »Ja« angekreuzt haben, sollten Sie unbedingt mit Ihrem Partner oder mit Ihrer Partnerin darüber reden, wie Sie beide diese Machtspiele abstellen und auf gleiche Augenhöhe gehen könnten.

die auf gegenseitigem Respekt und Achtung voreinander basiert. Nur wenn ich den Partner voll und ganz akzeptiere und achte, kann ich auch erwarten, von ihm anerkannt und geachtet zu werden. Diese Haltung schließt Besserwisserei und Bevormundung völlig aus. Es ist auch eine Anmaßung zu glauben, man wisse, was der andere denkt und will oder was gut für ihn ist.

Gemeinsame Lösungen

Eine Beziehung auf Augenhöhe zu führen bedeutet, bei bestehenden

Konflikten auf eine gemeinsame Lösung hinzuarbeiten und nicht auf Kosten des anderen einen Sieg anzustreben. Dazu gehört auch, dass man das Problem aus der Perspektive des anderen betrachtet, sich in ihn oder sie einzufühlen versucht und nach seiner oder ihrer Vorstellung über eine mögliche Lösung fragt. Wenn eine Lösung gefunden werden soll, muss sie für beide Partner akzeptabel sein: Der Standpunkt beider Partner muss darin vertreten sein und es muss sich für beide Partner nach einem Gewinn anfühlen. Zur gleichen Augenhöhe gehört die volle Aufmerksamkeit, die man seinem Gegenüber schenkt. Man hört zu und fragt nach, falls man etwas nicht so ganz verstanden hat. Derjenige, der spricht, sollte sich seinerseits vergewissern, dass er richtig verstanden wurde. Falls es Missverständnisse gibt, korrigieren Sie diese. **»Da habe ich mich vielleicht nicht richtig ausgedrückt!« ist eine bessere Form als ein vorwurfsvolles »Du hast mich nicht richtig verstanden!«.**

Kritik mit Vorsicht äußern

- Kritik kann einen geliebten Menschen unabsichtlich verletzen. Sie sollte daher äußerst sparsam eingesetzt werden.
- Kritik erzeugt in vielen Fällen nicht die beabsichtigte Veränderung.
- Kritik frustriert und beschämt, auch wenn der Kritisierte das oft nicht zugeben will.
- Kritik kann Widerstand hervorrufen: »Jetzt erst recht!«
- Oft ist es daher besser zu schweigen.
- Wirkungsvoller als Kritik sind nett verpackte, konstruktive Vorschläge – aber keine Belehrungen!

Ohne Vorwürfe kommt man eher zum Ziel

Vorwürfe sind wie Wurfgeschosse, die den anderen meist auch treffen. Wenn sie in einer Beziehung zur alltäglichen Kommunikation gehören, werden sie vom »Werfenden« oder »Getroffenen« kaum mehr als solche wahrgenommen. Doch ständige Vorwürfe sind tückisch: Sie können eine Beziehung langsam und kontinuierlich vergiften.

Ein Vorwurf beginnt häufig mit einem verallgemeinernden Begriff wie »immer«, »ständig« oder »nie«. Zum Beispiel: »Immer muss ich deine Wäsche wegräumen!« oder: »Nie trägst du den Müll runter!« Er kann auch als vorwurfsvolle Fragen formuliert sein: »Wolltest du nicht schon längst …?«

Vorwürfe sind nicht dasselbe wie Kritik, denn diese kann ja auch konstruktiv sein. Vorwürfe dagegen sind meist unsachliche Behauptungen. Sie wirken beschämend und erzeugen beim Gegenüber Wut und Empörung. Oft sind sie als eine Art Erziehungsmittel gedacht, doch in der Regel bewirken sie das genaue Gegenteil: Sie verhärten die Fronten. **Ein Vorwurf ist wie ein harter Ball, der einem zugeworfen wird.** Sie haben dabei zwei Möglichkeiten: Entweder Sie fangen den Ball auf oder sie lassen ihn vorbeifliegen. Wenn Sie den »Vorwurfsball« auffangen, begeben Sie sich in eine Position der Rechtfertigung: »Aber ich habe doch erst gestern …« Es folgt ein weiterer Vorwurf, dann eine weitere Rechtfertigung und schon ist ein Streit vom Zaun gebrochen.

Streichen Sie »nie« und »immer« aus Ihrem Wortschatz und kommunizieren Sie respektvoll miteinander.

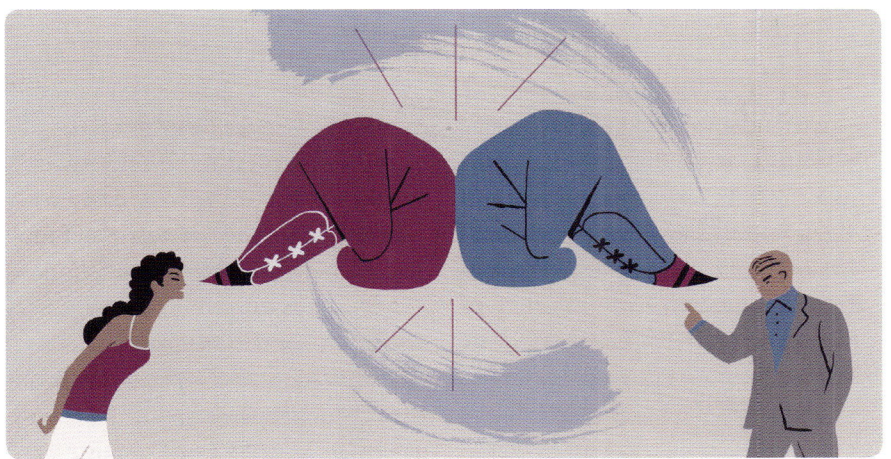

Vorwürfe sind eine destruktive Art der Kommunikation. Abgesehen davon, dass sich ein Partner dabei mal abreagieren kann, bringen Vorwürfe nichts. Artikulieren Sie daher das, was Sie ausdrücken wollen, auf eine höfliche Art und Weise, etwa in Form einer Bitte. Anstatt: »Nie bringst du den Müll runter« sagen Sie besser: »Könntest du bitte immer dienstags den Müll runterbringen?« Das dürfte schon eher zu dem gewünschten Ergebnis führen. Manchmal sind Vorwürfe auch als Fragen getarnt: »Wann hast du eigentlich vor, endlich mit dem Kochen anzufangen?« heißt im Klartext: »Du solltest endlich anfangen zu kochen!« Doch auch ein solcher Befehl klingt nicht gerade schön, geschweige denn motivierend. Eine normale Frage könnte die Lösung sein: »Die Gäste kommen in einer Stunde. Wollen wir mit dem Kochen beginnen?« Auf eine solche Frage kann der andere vernünftig reagieren und das Gästedinner wird durch keine Konflikte getrübt.

KOMMUNIKATION

 Vorsicht mit Vorwürfen!

- Achten Sie auf Sätze, die mit »immer«, »wenn«, »nie« beginnen.
- Viele Vorwürfe stehen im (verneinten) Konjunktiv, wie: »Könntest du nicht mal …«
- Vermuten Sie nicht hinter jeder Frage einen Vorwurf, sondern antworten Sie klar und freundlich.
- Lassen Sie sich zu keiner Rechtfertigung hinreißen.
- Fangen Sie nicht jeden »Wurf« auf, der in Ihre Richtung fliegt.

Wenn man ständig mit Vorwürfen rechnet, kann es passieren, dass man selbst die banalsten Fragen automatisch als Vorwurf auffasst. Zum Beispiel, wenn sie auf seine Frage: »Hast du meinen Meterstab gesehen?« antwortet: »Ich habe ihn nicht gehabt.« Wiederholt er seine Frage, kommt womöglich als nächste Antwort: »Was soll ich denn mit deinem Meterstab?« Die Frage ist damit noch immer nicht beantwortet. Stattdessen ist sie sauer über seine vermeintliche Unterstellung, den Meterstab entwendet zu haben. Ein typisches Missverständnis, das darauf beruht, dass man einen schlechten Kommunikationsstil pflegt und auch nicht genau zuhört. Denn die erste Antwort hätte einfach ein »Nein« sein können.

Klarstellen statt unterstellen

Ein enger Verwandter des Vorwurfs ist die Unterstellung, eine Behauptung, hinter der sich ein Vorwurf versteckt. »Du hast den Termin doch absichtlich wieder auf den Samstag gelegt!« bedeutet im Klartext: »Du scheinst den Samstag viel lieber mit deinen Kunden zu verbringen als mit mir.«

Der Angesprochene wird vermutlich sauer auf eine solche Unterstellung reagieren, sicher aber nicht liebevoll im Stil von: »Wie kann ich das wiedergutmachen, mein Schatz?« Wenn sich in einer Beziehung dieser destruktive Kommunikationsstil erst einmal etabliert hat, wird er sich im Laufe der Jahre verhärten und vielleicht sogar noch steigern. Keine guten Voraussetzungen für eine harmonische Beziehung.

Denken Sie daher nach, bevor Sie zum Mittel der Unterstellung greifen. Was wollen Sie wirklich sagen? Was macht Sie gerade so sauer? **Wandeln Sie Ihre Unterstellung in eine Aussage um.** »Mir gefällt es nicht, dass du den Samstag mit deinem Kunden anstatt mit mir verbringst. Kannst du den Termin nicht auf einen andere Tag verlegen?« Dieser Kommunikationsstil wird beim Partner viel eher zu einer entgegenkommenden Antwort führen: »Du weißt, ich arbeite auch nicht gerne samstags. Aber wir konnten keinen anderen gemeinsamen Termin finden. Lass uns dafür am Sonntag was Schönes zusammen machen.«

Auf leere Drohungen verzichten

Hüten Sie sich in Ihrer Beziehung vor Drohungen wie dieser: »Ich schwör dir, wenn du das noch einmal machst, dann ziehe ich aus!« So etwas dürfen Sie nur sagen, wenn Sie es auch ernst meinen; dann müssten Sie gegebenenfalls aber auch wirklich ausziehen. Falls das nicht der Fall ist, handelt es sich lediglich um eine leere Drohung und obendrein um emotionale Erpressung.

Wenn ein Partner leere Drohungen ausspricht, geschieht das oft deshalb, weil er hilflos ist und nicht mehr weiterweiß. Vielleicht sind diesem Druckmittel, das er einsetzt, unzählige Gespräche vorhergegangen, die nicht zum gewünschten Erfolg geführt haben. Das letzte Mittel scheint die Drohung zu sein. Der emotionale Druck, unter dem er steht, lässt ihn keinen anderen Ausweg mehr sehen.

Drohungen und Druck kommen beim anderen indes nicht gut an. Fühlt man sich unter Druck gesetzt, kann es sein, dass man panisch reagiert, sich zurückzieht oder angreift. Solche Reaktionen sind nicht förderlich für die Beziehung.

Die einzige konstruktive Lösung wäre ein offenes Gespräch, in dem beide ihre Gefühle zum Ausdruck bringen. Die Botschaft »Ich fühle mich hilflos, ich weiß nicht mehr weiter« könnte der Beginn einer gemeinsamen Lösung sein.

Wirkungsvolle Ich-Botschaften

Eine der effektivsten Methoden, von Vorwürfen und Unterstellungen wegzukommen und Klarheit zu vermitteln, sind Botschaften in »Ich-Form«. Sätze mit »Ich« zu beginnen, ist uns durch unsere Erziehung eigentlich untersagt. Aber in der Kommunikation können Ich-Botschaften kleine Wunder wirken. Sie sprechen dann in erster Linie von sich und offenbaren Ihre Gefühle.

Anstatt in den Vorwurf abzugleiten »Du hörst mir nie zu« und sofort eine aggressive Stimmung heraufzubeschwören, kann die gleiche Botschaft in Ich-Form so lauten: »Ich bin verärgert, weil ich den Eindruck habe …« Damit beschreiben Sie Ihre ganz persönliche Gefühlslage, ohne den Partner direkt anzuklagen.

Die Ich-Botschaft zeigt auch, dass man erst einmal bei sich selbst anfangen soll, bevor man das Verhalten des anderen verändern will. Beispielsweise so: »Ich habe vor, am Samstag meinen Kleiderschrank zu entrümpeln. Der platzt aus allen Nähten. Magst du mitmachen?« Der Partner fühlt sich nicht gezwungen, jedoch aufgefordert, auch zu entrümpeln. Die Wirkung in einem Gespräch ist positiver, der Partner hat dann auch die Chance, Ihren ganz persönlichen Eindruck zu korrigieren.

Von Vorteil bei den Ich-Botschaften ist auch, dass Sie sich selbst zunächst im Klaren darüber sein müssen, was Sie wirklich wollen und wo Sie stehen. »Ich komme mit deiner Meinung nicht klar« ist eine andere Botschaft als: »Deine Meinung ist falsch!« Eine Partnerschaft besteht nun einmal aus zwei unabhängigen Personen, die nicht immer einer Meinung sein müssen. In einem liebevollen Gespräch ist immer noch Raum für die Botschaft: »Und dennoch liebe ich dich!«

Wenn ich in der »Ich-Form« spreche, greife ich den anderen nicht an und erspare ihm Vorwürfe. »Du hast es versäumt, die Tickets zu beschaffen.« Dieser Vorwurf könnte sich, in eine Ich-Botschaft umgewandelt, so anhören: »Ich bin enttäuscht darüber, dass wir die Aufführung verpassen. Ich wäre da sehr gerne hingegangen!« Mit dieser Aussage wird für ihn klar, wie wichtig diese Veranstaltung für Sie war. Der Inhalt der Botschaft scheint der gleiche, aber die zweite Botschaft kommt liebevol-

ler an! »Ich kann mit deiner Art, XY zu machen, nicht umgehen« ist wesentlich besser als: »Du nervst mich, weil …« Die Aussage »Ich bin wütend über …« ist weniger vorwurfsvoll als: »Du machst mich wütend!«

Aussprechen statt andeuten

Frauen sind Meisterinnen der indirekten Kommunikation, der versteckten Andeutungen. Beispiel: Sie sagt zu ihm während einer Autobahnfahrt: »Es wäre schön, mal irgendwo anzuhalten!« Bei ihm kommt an: »Es wäre schön, mal irgendwo anzuhalten.« Nicht mehr und nicht weniger. Ihre versteckte Botschaft lautet jedoch: »Ich will, dass du an der nächsten Raststätte anhältst, weil ich Hunger habe.« Um richtig verstanden zu werden, muss eine Nachricht daher möglichst präzise und klar kommuniziert werden. Drücken Sie sich also deutlich aus und äußern Sie Ihre Wünsche präzise. Sonst fährt er an der nächsten Raststätte vorbei und Sie beschweren sich: »Ich habe dir doch gesagt, du sollst hier rausfahren.« Nein, das haben Sie eben nicht gesagt, sondern nur eine versteckte Andeutung gemacht, die er nicht verstanden hat. Hilfreich ist es, die eigene Botschaft auf folgende Informationen hin zu überprüfen: Habe ich das Wer, Was, Wann und Wo meines Wunsches klar zum Ausdruck gebracht? Wenn Sie zum Beispiel einen Urlaub planen, könnte die Botschaft so lauten: »Am liebsten wäre mir, wenn wir beide an Pfingsten an den Gardasee fahren. Was meinst du?«

Wünsche und Aussagen konkretisieren

Jeder Mensch, ob Mann oder Frau, tut sich schwer im Gedankenlesen und ist dankbar für präzise Informationen. Wenn sie zu ihm sagt: »Ich wünsche mir, dass du dich mehr um mich kümmerst«, lässt sie ihm alle Möglichkeiten offen. Er kommt ihrem Wunsch nach und wäscht am

Seien Sie sich klar darüber, was Sie wollen, und kommunizieren Sie das deutlich und freundlich.

Samstag ihren Wagen, weil er das unter »Kümmern« versteht. Dabei hat sie sich vielleicht etwas ganz anderes vorgestellt. Sie dachte eher daran, am Wochenende etwas mit ihm zu unternehmen. Dann sollte sie ihren Wunsch auch entsprechend formulieren: »Ich wünsche mir, dass wir am Wochenende zusammen wandern gehen.« Mit diesem konkreten Wunsch kann der Partner etwas anfangen. Und er lässt auch noch Spielraum für seine Wünsche. Die Details können beide gemeinsam planen.

Schluss mit den Missverständnissen

Wenn die Kommunikation klar und deutlich verläuft, bieten sich wenige Gelegenheiten für Missverständnisse. Oft aber tritt man unbeabsichtigt ins Fettnäpfchen. **Gerade wenn man sich emotional nahe steht und glaubt, der Partner müsse einen gut kennen, ist man vor alltäglichen Missverständnissen nicht gefeit.** Allein die einfache Verabredung, sich gemeinsam einen schönen Abend zu machen, bietet genügend Raum für Fehlinterpretationen. Sie hat sich schick gemacht und freut sich darauf, mit ihm zusammen auszugehen. Er dagegen hat seine bequemste Hose angezogen und hält die Fernbedienung in der Hand. Hier begegnen sich zwei unterschiedliche Vorstellungen eines »netten Abends«. Eine Möglichkeit: Sie lacht, zieht ihr kleines Schwarzes aus, kuschelt sich zu ihm aufs Sofa und es wird noch ein netter Abend. Beide verständigen sich darüber, das nächste Mal vorher genau zu besprechen, wie der Abend aussehen soll.

Missverständnisse können auch dann auftauchen, wenn man von den eigenen Bedürfnissen auf die des Partners schließt. Er muss um 7 Uhr das Haus verlassen, sie erst um 9 Uhr. Sie frühstückt nur ungern alleine und glaubt, dass es ihm auch so geht. Daher steht sie extra früh auf, um mit ihm zusammen zu frühstücken. Er jedoch möchte diese frühe Stunde lieber allein genießen, braucht nur seinen Kaffee und eine Zeitung, um zufrieden zu sein. Erst als Streit aufkommt, weil sie sich mit ihm unterhalten will, während er seine Zeitung liest, wird klar, dass es sich hier um ein Missverständnis handelt.

Missverständnissen vorbeugen

Missverständnisse können aus zwei Gründen entstehen: Man hat sich missverständlich ausgedrückt oder der andere hat etwas falsch aufgefasst. So können Sie vorbeugen:

- Überfordern Sie Ihren Gesprächspartner nicht durch zu viele Informationen. Lassen Sie Unwichtiges beiseite.
- Fragen Sie lieber nach »Habe ich mich deutlich ausgedrückt?«, bevor Ihr Gesprächspartner etwas falsch verstehen könnte.
- Vermeiden Sie Vorwürfe, machen Sie lieber konstruktive Vorschläge.
- Äußern Sie klar und deutlich, was Sie genau meinen.
- Kommen Sie auf den Punkt! Sprechen Sie nicht »durch die Blume«. Umschreiben Sie nichts.
- Vermeiden Sie unnötige Auseinandersetzungen. Lohnt es sich wirklich, sich wegen Kleinigkeiten zu streiten?
- Seien Sie großzügig! Ignorieren Sie Lappalien, zeigen Sie Humor.

Um Missverständnisse im Vorfeld zu vermeiden hilft es nachzufragen: »Siehst du das auch so wie ich?« Oder: »Habe ich dich richtig verstanden?« Bei den meisten Missverständnissen handelt es sich um Kleinigkeiten und es lohnt sich wirklich nicht, sich deswegen zu streiten.

Auf Lügen lässt sich gut verzichten

Wer behauptet, nie zu lügen, der lügt. Man schwindelt, um den anderen nicht zu verletzen, indem man beispielsweise sagt: »Das Essen war wirklich gut!«, obwohl es einem nicht geschmeckt hat. Endet der Satz womöglich noch mit »ehrlich!«, wird die Lüge gleich auf dem Silbertablett serviert. Das Motiv ist in diesem Fall meist Höflichkeit, man möchte den Gastgeber nicht vor den Kopf stoßen. Vielleicht geniert man sich auch, weil man der Einzige ist, dem das Essen nicht geschmeckt hat. Oder man möchte einer unbequemen Diskussion aus dem Weg gehen und zieht sich mit einer Lüge aus der Affäre. Oder man versucht mit einer Lüge einen Fehltritt zu vertuschen, vielleicht um die Beziehung nicht aufs Spiel zu setzen.

Lügen bedeutet mentale und körpersprachliche Schwerstarbeit. Man muss sich ein ganzes »Lügengespinst« ausdenken, die erfundene Geschichte hieb- und stichfest konstruieren und immer wieder aufpassen, dass man sich nicht selbst verrät. Für den Lügner bedeutet es zudem Stress, sich durch seine Körpersprache nicht zu verraten, locker zu bleiben, den Blickkontakt zu halten, sich nicht an die Nase zu fassen (siehe Seite 84). Und wenn der Lügner Pech hat, verrät ihn seine Stimme, sein roter Kopf oder eine winzige Geste, die der Partner, der ihn gut kennt, entschlüsseln kann.

Ersparen Sie sich diesen Stress. Haben Sie den Mut, die Wahrheit zu sagen. In den meisten Fällen ist sie wesentlich leichter zu ertragen als die Last der Lüge.

Keine faulen Ausreden

Ausreden sind die eher harmlosen kleinen Schwestern der Lügen. Sie sind Teil der normalen Kommunikation, Teil unserer schlechten Gewohnheiten und werden schon gar nicht mehr als Lügen wahrgenommen – wir haben uns an sie gewöhnt. Wer hat nicht schon mal eine Erkältung, einen Termin oder ein längeres Meeting vorgeschoben, um unangenehmen Pflichten, wie beispielsweise Familienfeiern, zu entgehen? »Ich kann nicht mit dir essen gehen, ich muss heute Abend noch arbeiten«, »Ich stehe noch im Stau« oder »Bei dir war ja ständig besetzt« – all das sind beliebte Ausreden, mit denen man sich Vorwürfe oder Auseinandersetzungen ersparen möchte. **Verzichten Sie lieber auf solche Mogeleien, wenn Ihnen daran gelegen ist, sich dem Partner gegenüber Ihre Glaubwürdigkeit zu bewahren.** Doch soll man wirklich ehrlich sagen, dass man sich lieber aufs Sofa legen und seine Ruhe haben will als mit dem Partner auszugehen? Ja, sicher! Die Wahrheit bereitet schlussendlich weniger Stress. Aussagen wie: »Liebling, ich brauche einfach mal meine Ruhe« oder: »Ich habe heute keine Lust, essen zu gehen« mögen im ersten Moment etwas unsensibel klingen, aber wenn sie der Wahrheit entsprechen, ist der Partner doch sicher froh, nicht angelogen zu werden. So viel Ehrlichkeit kann eine Beziehung schon verkraften. Trennen wir uns von den schlechten Gewohnheiten der Ausreden und fallen wir auch nicht auf die der anderen herein.

Pflegen Sie Wahrheitsliebe

Lügen und Ausreden sind wie eine schlechte Gewohnheit. Wir nehmen sie täglich in den Mund und denken uns selten etwas dabei. Aber sie können unseren Beziehungen schaden. Darum brechen Sie mit dieser schlechten Gewohnheit!

- Vermeiden Sie Lügen, auch kleine Notlügen und Ausreden.
- Beginnen Sie Ihre Sätze nicht mit »eigentlich«. Das Wort lässt vermuten, dass eine Unwahrheit folgt, oder drückt zumindest eine Unsicherheit aus.
- Stehen Sie zur Wahrheit, auch wenn es anfangs schwerfällt.
- Entschuldigen Sie sich gegebenenfalls für Ihre Lüge.
- Lassen Sie sich nicht in die Lügengespinste anderer einspinnen.
- Lügen Sie nicht für andere, auch nicht für Ihren Partner.
- Fallen Sie nicht auf die Ausreden Ihrer Mitmenschen herein. Sagen Sie einfach: »Das glaub ich dir jetzt nicht.«

Beredtes Schweigen

Auch Schweigen ist eine Kommunikationsform. Eine, über die sich viele Frauen beklagen. Denn es scheint in Beziehungen wesentlich mehr schweigsame Männer als Frauen zu geben. Gar kein Gespräch zu führen, sich am Frühstückstisch anzuschweigen empfinden Frauen als unhöflich, wenn nicht gar bedrohlich. Wenn der Mann schweigt, ist die Frau zunächst einmal verunsichert: »Habe ich was falsch gemacht, ist er vielleicht sauer auf mich?« Später fühlt sie sich missachtet und lieblos behandelt.

Doch wenn Männer nicht reden wollen, sollte die Frau dieses Schweigen nicht gleich auf sich beziehen. Nett wäre allerdings, wenn der Mann ihr das auch kurz verständlich macht: »Ich brauche eben mal Ruhe, hat aber nichts mit dir zu tun!«

Schweigen kann also je nach Person oder Situation verschiedene Gründe haben: Die einen scheinen wirklich nichts zu sagen zu haben, die anderen brauchen einfach Zeit für sich. Für die meisten Männer stellt das eigene Schweigen jedenfalls kein Problem dar, verstehen sie sich doch mit ihren Freunden auch ohne Worte. Viele männliche Aktivitäten wie gemeinsames Angeln oder Motorradfahren kommen so gut wie ohne Gespräche aus. Wenn Frauen dagegen nichts sagen, haben sie meist ganz andere Gründe als ihre Partner. **Für Frauen ist Schweigen oft gleichbedeutend mit Strafen.** Sie ziehen sich schmollend zurück (siehe Seite 120) und wollen damit ihren Partner aufrütteln. Wobei der Versuch häufig fehlschlägt, weil er ihre Absicht nicht errät und sich durch Ruhe ohnehin nicht bestraft fühlt. Er merkt nur, dass irgendetwas nicht stimmt.

Wenn Männer schweigen, sind Frauen oft verunsichert – meist ohne Grund.

Aktiv zuhören

Menschen schweigen auch, wenn sie unter Schock stehen. Es gibt wirklich schlimme Nachrichten, die einen völlig verstummen lassen. Steht der eine Partner unter Schock, wäre es hilfreich, wenn der andere Partner ein Gespräch in Gang bringen könnte. Anstatt hierbei auf den schweigenden Partner einzureden, ist es besser, aktiv zuzuhören. Als Gesprächspartner kann man zunächst die Körpersprache des Schweigenden beobachten. Sitzt die Frau mit verschlungenen Armen zusammengekauert auf dem Sofa, signalisiert sie: »Ich kann oder will momentan nicht reden.« Will er sie aus der Reserve locken, sollte er einfach nur da sein und ihr kurz rückmelden, was er wahrnimmt: »Ich sehe ja, dass es

dir schlecht geht!« Sobald Sie ihn ansieht, ist auch ihrerseits ein Kontakt hergestellt. Dann kann er behutsam nachfragen: »Magst du mir erzählen, wie du dich fühlst?« Falls sie ihr Schweigen bricht, sollte er ihr gut zuhören und sie reden lassen. Falls sie noch nicht reden möchte, sollte er seine Bereitschaft zum Zuhören signalisieren. »Wenn du mich brauchst, sag mir Bescheid, ich bin für dich da!«

Frauen im Schmollwinkel

Womit die meisten Männer so gar nicht klarkommen, ist der beleidigte Rückzug der Frauen. **Männer können eher mit klaren Worten oder sogar Aggressionen umgehen, aber das weibliche Schmollen ist ihnen fremd.**
Wenn sie sich dann aber beleidigt zurückzieht und seine Frage »Was hast du?« mit »Nichts!« beantwortet, ist er verunsichert. Er sieht ja, dass etwas nicht stimmt, aber er kommt nicht an sie heran.

Schmollen kann ein Ausdruck von versteckter Aufforderung sein. Frau schmollt, wenn sie gekränkt oder hilflos, verzweifelt oder wütend ist. Sie zieht sich dann zurück, weil sie nicht in der Lage ist, ihre wirklichen Gefühle zu artikulieren, ihr fehlen die Worte. So sucht sie einerseits den Rückzug, erwartet aber andererseits von ihrem Partner, dass er sie tröstet. Dieser ist hilflos, versteht ihre Reaktion nicht und zieht sich meist ebenfalls zurück. Worauf sie sich wiederum verlassen und unverstanden fühlt.

Reagieren statt schmollen

Wesentlich besser als zu schmollen ist es, auf ein verletzendes Verhalten des Partners sofort zur reagieren: »Ich fühle mich verletzt und mir fehlen die Worte« wäre schon mal ein Anfang. Dann läuft man auch nicht Gefahr, dass das Gespräch mit dem Partner abreißt.
Wenn Sie also gekränkt sind, weil Ihr Partner etwas Falsches getan

oder gesagt hat, reagieren Sie sofort: »Das hat mir nicht gefallen.« Zum einen muss man dem Partner die Gelegenheit geben, dass er in der Beziehung dazulernt. Zum anderen sollte man ihn – am besten sofort – darüber informieren, dass man sein Verhalten als Fehlverhalten sieht. »Das gefällt mir nicht!« ist eine klare Aussage.

Ab in die Kiste!

Gibt es Verhaltensweisen, Äußerungen, Vorwürfe, Redewendungen, Schimpfworte oder Ähnliches, die Sie selbst gerne einstellen würden? Dann ab damit in die Kiste!

- Definieren Sie den Satz, das Wort, das Sie gerne aus Ihrem täglichen Repertoire streichen würden.
- Visualisieren Sie in Gedanken eine leere Schachtel.
- Stellen Sie sich vor, wie sie diesen Satz oder dieses Wort auf einen Zettel schreiben. Falten Sie den Zettel, legen Sie ihn in die Schachtel und schließen Sie den Deckel.
- Packen Sie die Schachtel in Gedanken ein. Wählen Sie eine Farbe für das Papier. Binden Sie die Schachtel mit einem Band zu. Wählen Sie eine Farbe für das Band. Machen Sie eine Schleife.
- Holen Sie sich dieses Bild von der Schachtel jedes Mal vor Ihr inneres Auge, wenn Sie wieder versucht sind, diesen Satz oder das Wort zu sagen. Denken Sie daran, dass der Satz Ihren Mund nicht verlassen kann, da er sich eingeschlossen in einer Schachtel befindet. Schon bald verknüpfen Sie diesen Satz mit dem Bild der Schachtel und werden ihn nicht mehr gebrauchen.

Um von Schmollen auf sofortiges Reagieren umzustellen, braucht man allerdings etwas Übung. Versuchen Sie es beim nächsten Mal damit: Anstatt sich schmollend zurückzuziehen, geben Sie ein deutliches »Ich bin jetzt sauer!« von sich. Oder: »Ich bin wütend auf dich, lass mich für eine Weile in Ruhe!« Dann weiß Ihr Partner, woran er ist. Versuchen Sie nicht, Ihre Reaktion zu rechtfertigen. **Sie haben das Recht, auch mal Protest zu äußern.** Gestehen Sie sich dieses Recht zu. Für Ihren Partner ist das weitaus besser als ein schmollender Rückzug.

Definieren Sie für sich selbst, wie lange sie gedenken, sauer zu sein. Eine Stunde dürfte in vielen Fällen reichen, vielleicht auch zwei. Oder Sie lassen fürs Erste offen, wann Sie wieder ansprechbar sind, und sagen Ihrem Partner nur: »Lass mich bitte vorerst in Ruhe, ich melde mich wieder bei dir!« Damit haben Sie bereits die Weichen für eine Versöhnung gestellt.

Wut bindet, Vergebung heilt

Falls Sie mit Ihrem Partner oder Ihrer Partnerin einen ungelösten Konflikt haben, wird sich dieser sicher nicht von allein in Luft auflösen. Suchen Sie das Gespräch mit ihm oder ihr. Versuchen Sie, in einer ruhigen Atmosphäre sachlich zu reden.

Falls etwas vorgefallen ist, was sich nicht mehr rückgängig machen lässt, und falls Ihr Partner oder Ihre Partnerin Ihnen nach wie vor wichtig ist, suchen Sie für sich den Weg der Vergebung. Sie alleine können verzeihen, ob mit oder ohne Entschuldigung. Allein Ihre innere Einstellung kann darüber entscheiden, ob Sie

> *Jeder hat das Recht, auch mal zu protestieren. Gestehen Sie sich das ruhig zu.*

ihm oder ihr eine neue Chance geben und Vergangenes vergangen sein lassen. Sagen Sie sich immer wieder: »Ich habe ihm oder ihr vergeben und denke nicht weiter über Vergangenes nach.« **Allein durch Ihre Haltung kann ein Prozess der Heilung beginnen und Sie haben die Chance, wieder von vorne anzufangen.** Teilen Sie Ihrem Partner oder Ihrer Partnerin Ihre Entscheidung mit und schließen Sie das vergangene Thema damit ab.

Von alten Gefühlen loskommen, neue Gefühle zulassen

Manche Beziehung ist indirekt beeinflusst von ungelösten alten Beziehungen. Falls Sie beispielsweise immer noch wütend oder sauer auf

Ein Dank an den Ex-Partner

Um mit Ihrem Ex-Partner endlich ins Reine zu kommen, ersetzen Sie für einen Moment die negativen Erinnerungen durch Erinnerungen an die guten Momente Ihrer Beziehung. Das Negative fällt uns schnell ein, das Positive braucht eine Weile. Machen Sie eine Liste mit der positiven Bilanz, eine Liste des Dankes. Sie glauben, da gibt es nichts? Aber sicher! Nehmen Sie sich Zeit, setzen Sie sich hin und schreiben Sie auf, für welche Erlebnisse, Erfahrungen und Momente Sie ihrem Ex-Partner dankbar sind. Möglicherweise hilft Ihnen als Einstieg eine der folgenden Satzeinleitungen:
- »Wir hatten zusammen Spaß, wenn wir …«
- »Am Anfang der Beziehung gefiel mir …«
- »Ich möchte dir dafür danken, dass …«

Ihren Ex-Partner sind, sollten Sie sich von dieser Wut befreien. Sie haben eine alte Beziehung erst dann aufgearbeitet, wenn Sie so gut wie nicht mehr an Ihren Ex-Partner denken. Solange Sie wütend sind, sind Sie noch gebunden, denn auch negative Gefühle erzeugen Bindungen. Auch hier gibt es nur einen Weg, um sich von Hass und Wut zu trennen: den Weg der Vergebung. Als Erstes sollten Sie dabei sich selbst vergeben: **Seien Sie nicht länger wütend auf sich selbst.** Jede Trennung geht sowohl mit Selbstvorwürfen (»Hätte ich doch nicht …«, »Wäre ich doch nur …«) als auch mit Enttäuschung, vielleicht auch Wut und Hass auf den Ex-Partner einher. Vergebung bedeutet nichts anderes, als sich mit seiner eigenen Vergangenheit zu versöhnen, sich und dem anderen Fehler zuzugestehen und mit der Vergangenheit abzuschließen. Hilfreich ist dabei eine positive und dankbare Sichtweise auf Vergangenes.

Bedanken Sie sich bei Ihrem Ex-Partner für alles, was er Ihnen gegeben hat. Sie können diesen Dank leise für sich selbst denken oder ihm einen Brief schreiben, den Sie jedoch nicht unbedingt abschicken müssen. Wichtig ist nur, dass Sie den Dank ernst meinen. Sie werden sehen, Dank hilft Ihnen loszulassen, während Ärger und Wut die alte Verbindung aufrechterhalten. Wollen Sie diese Beziehung nicht endlich loslassen? Dann sind Danken und Verzeihen der erste Schritt. Sie werden sehen: Ihre negativen Gefühle können sich endlich auflösen und Ihre Wut verfliegt. Erst dann sind Sie in Ihrer jetzigen Beziehung frei.

> *Danken und Verzeihen sind der erste Schritt, um das Gestern loszulassen und frei zu werden für das Heute.*

Liebe geht so einfach …

… nachdem Sie erst einmal Ihren Beziehungsballast abgeworfen haben. Sie haben etwa gelernt, sich von übertriebenen Erwartungen und romantischen Sehnsüchten zu trennen, und akzeptieren Ihren Partner jetzt so, wie er ist. Sie haben sich vom Alltagsstress verabschiedet und konzentrieren sich lieber auf gemeinsame Aktivitäten. Und anstatt sich über Kleinigkeiten zu streiten oder sich gegenseitig Vorwürfe zu machen, kommunizieren Sie auf jetzt gleicher Augenhöhe.

Auch Eifersucht und Kontrolle des anderen sollten in Ihrer Beziehung kein Thema mehr sein – Sie begegnen Ihrem Partner mit Wohlwollen und Vertrauen. Denn in einer gesunden Beziehung braucht jeder seine Freiräume. Wenn beide Partner diese richtig nutzen, bringt das mehr Lebendigkeit und Nähe in die Beziehung. Schenken Sie Ihrem Partner auch Zeit und Aufmerksamkeit, sodass er sich wirklich wertgeschätzt und geliebt fühlt.

Sie haben es sicher erkannt: Von dem einem geliebten Menschen darf man nicht zu viel erwarten. Machen Sie nicht Ihren Partner für Ihr eigenes Glück verantwortlich und erwarten Sie nicht, dass er all Ihre Bedürfnisse befriedigt. Freuen Sie sich stattdessen, dass Sie ihn gefunden haben, den Menschen, der Sie liebt und der sich von Ihnen lieben lässt, mit dem Sie sich verstehen und mit dem Sie zusammen lachen können.

Halten Sie ihn fest und tragen Sie ihn auf Händen!

Liebe geht einfach, wenn uns erst einmal klar wird, wie wertvoll der Mensch ist, der sein Leben mit uns teilt. Wir sollten wertschätzen, was wir an ihm haben, und ihn so annehmen, wie er ist, mit seinen Ecken und Kanten und all den kleinen Macken, die ihn letztlich so liebenswert machen. Wenn wir dabei unseren Humor behalten und ab und zu ein Auge zudrücken, dann kann Liebe tatsächlich ganz einfach sein.

SERVICE

Bücher, die weiterhelfen

Engelbrecht, Sigrid: Lass los, was deinem Glück im Weg steht. Gräfe und Unzer Verlag, München

Gladwell, Malcolm: Tipping Point. Wie kleine Dinge Großes bewirken können. Goldmann Verlag, Berlin

Griscom, Chris: Leben heißt Lieben. Die spirituelle Kraft des Weiblichen. Goldmann Verlag, München

Jeanmaire, Alexander: Der kreative Funke. Handbuch für Kreativität und Lebenskunst. Ars momentum Kunstverlag, Witten

Kast, Bas: Die Liebe und wie sich Leidenschaft erklärt. Fischer Verlag, Frankfurt

Matschnig, Monika: Körpersprache der Liebe. Gräfe und Unzer Verlag, München

Matschnig, Monika: Mehr Mut zum Ich. Sei du selbst und lebe glücklich. Gräfe und Unzer Verlag, München

Mohr, Bärbel; Mohr, Manfred: Das Wunder der Selbstliebe. Der geheime Schlüssel zum Öffnen aller Türen. Gräfe und Unzer Verlag, München

Pohle, Rita: Lass los, was deine Seele belastet. Gräfe und Unzer Verlag, München

Pohle, Rita: Feng Shui für die Seele. Acht Wege zur eigenen Mitte. Ariston Verlag, München

Pohle, Rita: Weg damit! Entrümpeln befreit. Heyne Verlag, München

Zurhorst, Eva-Maria; Zurhorst, Wolfram: Beziehungsglück (mit DVD). Gräfe und Unzer Verlag, München

Die Autorin **Dr. phil. Rita Pohle** studierte in Berlin Germanistik und Politologie, danach Industrial Design, und promovierte in Philosophie. Darüber hinaus ist sie zur systemischen Therapeutin ausgebildet. Frau Pohle lebt in Sulzfeld am Main und arbeitet dort selbstständig als Autorin, Designerin und Coach. Unter anderem hält sie Vorträge und gibt Seminare zum Thema Lebensgestaltung. Bekannt ist Rita Pohle, vor allem im Lebenshilfesegment, durch die Buchreihe »Weg damit« (Ariston Verlag).

Weiterlesen tut gut.

www.gu.de: Blättern Sie in unseren Büchern, entdecken Sie wertvolle Hintergrundinformationen sowie unsere Neuerscheinungen.

Willkommen im Leben.

IMPRESSUM

Wichtiger Hinweis

Die Beiträge in diesem Buch sind sorgfältig recherchiert und entsprechen dem aktuellen Stand. Abweichungen, beispielsweise durch seit Drucklegung geänderte www-Adressen etc., sind nicht auszuschließen. Weder die Autorin noch der Verlag können für eventuelle Nachteile oder Schäden, die aus den im Buch gegebenen praktischen Hinweisen resultieren, eine Haftung übernehmen.

© 2012 Gräfe und Unzer Verlag GmbH, München

Alle Rechte vorbehalten. Nachdruck, auch auszugsweise, sowie Verbreitung durch Film, Funk, Fernsehen und Internet, durch fotomechanische Wiedergabe, Tonträger und Datenverarbeitungssysteme jeglicher Art nur mit schriftlicher Genehmigung des Verlags.

Projektleitung und Bildredaktion: Nikola Hirmer

Lektorat: Rita Steininger

Korrektorat: Maria Hellstern

Ein Unternehmen der
GANSKE VERLAGSGRUPPE

Satz: griesbeckdesign, München

Cover: Veer

Illustrationen: Orlando Hoetzel

Syndication: www.jalag-syndication.de

Umschlag und Gestaltung: independent Medien-Design, Horst Moser, München

Herstellung: Christine Mahnecke, Renate Hutt

Repro: Repro Ludwig, Zell am See

Druck und Bindung: Druckhaus Kaufmann, Lahr

ISBN 978-3-8338-2652-8

1. Auflage 2012

 www.facebook.com/gu.verlag

Unsere Garantie

Alle Informationen in diesem Ratgeber sind sorgfältig und gewissenhaft geprüft. Sollte dennoch einmal ein Fehler enthalten sein, schicken Sie uns das Buch mit dem entsprechenden Hinweis an unseren Leserservice zurück. Wir tauschen Ihnen den GU-Ratgeber gegen einen anderen zum gleichen oder ähnlichen Thema um.

Liebe Leserin und lieber Leser,

wir freuen uns, dass Sie sich für ein GU-Buch entschieden haben. Mit Ihrem Kauf setzen Sie auf die Qualität, Kompetenz und Aktualität unserer Ratgeber. Dafür sagen wir Danke! Wir wollen als führender Ratgeberverlag noch besser werden. Daher ist uns Ihre Meinung wichtig. Bitte senden Sie uns Ihre Anregungen, Ihre Kritik oder Ihr Lob zu unseren Büchern. Haben Sie Fragen oder benötigen Sie weiteren Rat zum Thema? Wir freuen uns auf Ihre Nachricht!

Wir sind für Sie da!
Montag–Donnerstag:
8.00–18.00 Uhr;
Freitag: 8.00–16.00 Uhr
Tel.:0180-5 00 50 54*
Fax: 0180-5 01 20 54*
E-Mail:
leserservice@graefe-und-unzer.de

*(0,14 €/Min. ausdem dt. Festnetz/Mobilfunk- preise maximal 0,42 €/Min.)

P.S.: Wollen Sie noch mehr Aktuelles von GU wissen, dann abonnieren Sie doch unseren kostenlosen GU-Online-Newsletter und/oder unsere kosten losen Kundenmagazine.

GRÄFE UND UNZER VERLAG
Leserservice
Postfach 86 03 13
81630 München*